# VEGETARISCH FÜR BABYS

## Gesund vom ersten Löffel an

Autorin: Dagmar von Cramm | Fotos: Anke Schütz

QUALITÄTS G|U GARANTIE

## DIE GU-QUALITÄTS-GARANTIE

Wir möchten Ihnen mit den Informationen und Anregungen in diesem Buch das Leben erleichtern und Sie inspirieren, Neues auszuprobieren. Bei jedem unserer Bücher achten wir auf Aktualität und stellen höchste Ansprüche an Inhalt, Optik und Ausstattung. Alle Rezepte und Informationen werden von unseren Autoren gewissenhaft erstellt und von unseren Redakteuren sorgfältig ausgewählt und mehrfach geprüft. Deshalb bieten wir Ihnen eine 100 %ige Qualitätsgarantie.

**Darauf können Sie sich verlassen:**
Wir legen Wert darauf, dass unsere Kochbücher zuverlässig und inspirierend zugleich sind.
Wir garantieren:

- dreifach getestete Rezepte
- sicheres Gelingen durch Schritt-für-Schritt-Anleitungen und viele nützliche Tipps
- eine authentische Rezept-Fotografie

**Wir möchten für Sie immer besser werden:**
Sollten wir mit diesem Buch Ihre Erwartungen nicht erfüllen, lassen Sie es uns bitte wissen! Nehmen Sie einfach Kontakt zu unserem Leserservice auf. Sie erhalten von uns kostenlos einen Ratgeber zum gleichen oder ähnlichen Thema. Die Kontaktdaten unseres Leserservice finden Sie am Ende dieses Buches.

GRÄFE UND UNZER VERLAG
*Der erste Ratgeberverlag – seit 1722.*

# INHALT

## TIPPS UND EXTRAS

# WAS IHR BABY IM ERSTEN JAHR BRAUCHT

**Eigentlich ist es ganz einfach: zunächst Muttermilch. Aber dann wird es schwierig, weil wir freie Wahl haben. Was ist wirklich wichtig und richtig?**

### SÄUGLINGE MÜSSEN SAUGEN

Wenn Ihr Baby auf die Welt kommt, ist es noch nicht wirklich fertig. Es kann weder stehen noch gehen, weder reden noch seinen Kopf heben, weder kauen noch alles verdauen. Aber es kann saugen und trinken, es findet die Nahrungsquelle mit seinem feinen Geruchssinn und es kann schreien, wenn das alles nicht klappt und der Hunger kommt oder der Bauch zwickt. Es hat sogar eine einzigartige Fähigkeit, die später verloren geht: Es kann gleichzeitig saugen, schlucken und atmen. Und es gibt eine Nahrung, die ganz genau auf seinen Entwicklungsstand und seine Bedürfnisse zugeschnitten ist und zwar schon, seit es Menschen gibt.

### ZUERST NUR MUTTERMILCH

In den ersten sechs Monaten ist Muttermilch für alle Babys die beste und natürlichste Nahrung, die sie mit allem versorgt, was sie zum Wachsen brauchen. Auch im zweiten Lebenshalbjahr bekommt sie Ihrem Kind bestens – aber nicht mehr ausschließlich. Ihre Zusammensetzung ist maßgeschneidert, verändert sich sogar bei starker Hitze, wenn Ihr Kind krank ist, und mit seinem zunehmenden Alter. Selbst innerhalb von 24 Stunden ist die Zusammensetzung schwankend, das macht die Nährwertbestimmung richtig schwierig. Muttermilch fördert durch den hohen Gehalt an Milchzucker (Lactose) die Mikrobiota des Säuglings und stärkt dadurch seine Abwehrkräfte. Sie enthält den »Bifidusfaktor« und alle wichtigen Nahrungsbausteine. So hat ein gestilltes Kind auch weniger Blähungen und keine Verstopfung: »Muttermilchstuhl« ist weich. Das kommt Ihrem Kind zugute: es kann ja kaum strampeln und »drücken« – das lernt es erst später. Gleichzeitig schützt das Stillen Sie selbst vor Infektionen und hilft Ihnen die »Stillpolster«, die sich während der Schwangerschaft gebildet haben, wieder los zu werden. Gestillte Babys haben zudem ein geringeres Risiko, später übergewichtig zu werden. Das scheint am relativ niedrigen Eiweißgehalt der Muttermilch zu liegen, die punktgenau die Aminosäuren liefert, die das Baby zum Wachsen braucht. Deshalb reicht ein Minimum. Säuglingsmilchnahrung ist eiweißreicher und damit gehaltvoller.

### DER STREIT UM DIE BEIKOST

Aber wann beginnt Ihr Baby Hunger auf mehr zu haben? Und was ist dann das Richtige? Irgendwann zwischen Anfang des fünften und Ende des sechsten Monats reicht die Muttermilch alleine nicht mehr aus. Das gilt für einige Nährstoffe wie das Eisen, die in der Muttermilch nicht in ausreichenden Mengen vorhanden sind – und das gilt ebenfalls für den steigenden Kalorienbedarf, der alleine durch Milchmahlzeiten nicht mehr gestillt werden kann. Der Säugling interessiert sich zunehmend für das, was seine Mutter und die Familie isst. Der Saugreflex lässt allmählich nach, und das Baby ist mehr und mehr in der Lage, mit der Zunge auch festere Nahrung nach hinten zu befördern. Das kann früher oder später passieren. Die Beobachtungen der vergangenen Jahrzehnte zeigen: Eine späte und einförmige Beikost tat den Babys nicht gut und ließ Allergien und Unverträglichkeiten ansteigen. Dieser Befund führte zu einem radikalen Wandel in den Ernährungsempfehlungen. Eine vielseitige Kost, in kleinen Mengen ergänzend zum Stillen zugefüttert, scheint optimal zu sein. Es geht nicht darum, aus dem Säugling im Blitzverfahren einen Löffeling zu machen. Nein – es ist eher wie ein »Impfen«: Eine möglichst vielfältige Beikost in kleinen Mengen ist als Ergänzung zum Stillen ab Beginn des fünften Monats ideal.

## FAMILIENKÜCHE FÜRS BABY?

Eigentlich ist das ja auch ganz natürlich: Das Neugeborene wächst allmählich in die Familie mit ihren Essgewohnheiten hinein, bekommt ja schon im Mutterleib deren Aromen und Geschmack mit, gewöhnt sich zunehmend an gemeinsame Mahlzeiten und die Familienkost. Gegen Ende des ersten Jahres muss es keine Extrawurst oder -gläschen mehr für die Jüngsten geben – das tut dem ganzen Familienleben gut. Denn eine gemeinsame Mahlzeit als tägliches Ritual ist wichtig für ein harmonisches Miteinander.
Untersuchungen zeigen aber: Kleinkinder bekommen noch ihre Extraportion Fertigessen aus dem Babyregal, obwohl das längst nicht mehr nötig wäre und den Geschmack kaum bildet. Gleichzeitig ist das Essen der Großen oft ziemlich ungesund – die jungen Eltern sind unter Druck, und wenn das Kind sein Fertigmenü mit allen wichtigen Nährstoffen hat, sinkt die Motivation, für sich selber etwas Frisches zuzubereiten. Warum nicht zwei Fliegen mit einer Klappe schlagen und eine gesunde und ausgewogene Mahlzeit für alle kochen? Davon profitieren alle: gesunde Eltern – gesundes Kind!

## VEGETARISCHE ELTERN – VEGETARISCHES KIND

Die Frage ist: vegan, also frei von tierischen Produkten, ovo-lacto-vegetarisch, das schließt Ei und Milch mit ein, lacto-vegetarisch, also mit Milch oder einfach fleischlos? Vegan lebt ein Baby ohnehin nicht, solange es gestillt wird: Muttermilch ist nicht pflanzlich! Aber was kommt danach? Welche Nährstoffe können knapp werden? Kohlenhydrate sind vor allem pflanzlich und daher kein Problem. Fette sind ebenfalls in Veggiekost inbegriffen: Öle enthalten mehr gesunde Fettsäuren als Butter oder Schmalz. Pflanzliches Eiweiß ist weniger wertvoll als tierisches und muss gut kombiniert werden. Mehr dazu erfahren Sie auf S. 8. Wer sein Kind vegetarisch ernähren möchte, muss die Kost besonders sorgfältig zusammenstellen. Dann ist eine gute Nährstoffversorgung zumindest für Ovo-lacto-Vegetarier kein Problem.

# DAS MEINT DIE WISSENSCHAFT

**Was ein Baby isst, das hat langfristig Folgen für seine spätere Gesundheit. Veggie-Beikost kann gute Grundlagen legen, wenn sie optimal kombiniert ist.**

Wissenschaftler sprechen von den 1000 wichtigsten Tagen – gerechnet ab dem Zeitpunkt der Zeugung. In diesem Zeitraum werden viele Weichen gestellt. Denn heute wissen wir: unser genetischer Code ist nicht von Anfang an in Stein gemeißelt, sondern passt sich an – Gene werden an- und abgestellt, je nachdem was auf das Baby einwirkt. Dieser Prozess wird als Epigenetik bezeichnet. Ein Paradebeispiel für diesen Prozess ist die Biene: Aus völlig identischen Bienen werden nur diejenigen zur Königin, die mit Gelee Royal gefüttert werden. Umwelteinflüsse sind also ähnlich wichtig wie das Erbe. Und diese Signale sind besonders prägend, solange die Organe noch reifen, also im Mutterleib und in den ersten zwei Lebensjahren. Ernährung spielt dabei eine Schlüsselrolle. Besonders wirkungsvoll im positiven Sinne sind folgende Stoffe: Folsäure, Vitamin B12, Cholin und Betain, die Aminosäure Methionin, der Bioaktivstoff Genistein sowie der Mineralstoff Zink.

Was bedeutet das praktisch für die Ernährung? Schauen Sie sich unsere Gemüseliste ganz hinten an: dort sehen Sie, welches Gemüse viel Zink enthält. Auch Getreide und Nüsse sind zinkreich. Folsäure ist vor allem in rohem Obst und Gemüse enthalten, denn es wird von Hitze zerstört. Die Aminosäure Methionin kommt in eiweißreichen Hülsenfrüchten, Nüssen und Saaten vor, Genistein in Soja. Vitamin B 12 ist in veganen Produkten gar nicht enthalten, wohl aber in Milchprodukten und Ei. Mit anderen Worten: Eine vegetarisch vollwertige Kost kann ein Kind bestens mit all diesen wichtigen Substanzen versorgen.

### WAS IST WICHTIG FÜR VEGGIE-MÜTTER?

Ist eine Mutter schon sehr lange Veganerin, dann kann ihre Milch zu wenig Vitamin B12 enthalten, denn dieses Vitamin findet sich nur in tierischen Lebensmitteln und lässt sich nicht langfristig speichern. Minimengen werden in milchsauer vergorenen Lebensmitteln wie Sauerkraut oder Salzgurken durch Bakterien produziert. Auch einige Algen enthalten dieses Vitamin. Doch die Mengen reichen bei Weitem nicht aus. Die stillende Mutter sollte ihren Blutspiegel überprüfen und sich entsprechend Vitamin B 12 vom Arzt geben lassen – per Spritze oder Tablette. Sonst kann es schweren Mangel mit dramatischen Folgen fürs Baby geben.

Für »normale« Vegetarierinnen besteht diese Gefahr nicht, da sie dieses Vitamin über Milchprodukte und Eier ausreichend aufnehmen. Im Gegenteil: Ihre Muttermilch enthält in der Regel sogar weniger Rückstände als die fleischessender Mütter. Und auch sonst sind Vegetarier im Schnitt gesünder, schlanker und fitter – alles Pluspunkte fürs Baby. Darüber hinaus sollten Veggie-Mütter ihren Eisenstatus checken lassen, der während der Schwangerschaft leidet. Auf die Milch hat das wenig Einfluss – sie enthält ohnehin nicht viel Eisen.

**VEGAN FÜRS BABY – LIEBER NICHT!**

Da ist zuerst Vitamin B 12, das fürs Wachstum besonders wichtig ist und nur in tierischen Produkten ausreichend vorkommt. Außerdem ist pflanzliche Kost reicher an Ballaststoffen, aber ärmer an Kalorien. Das ist für Erwachsene toll – aber Babys brauchen im Verhältnis viel mehr Kalorien für ihr unglaubliches Wachstum. Und ihr Verdauungssystem arbeitet noch nicht so effizient: Zu viele Fasern können da problematisch sein. Denn tierische Lebensmittel enthalten besonders viele gut verfügbare Mineralstoffe – und die sind als Bausteine wichtig. Auch die biologische Wertigkeit von Eiweiß aus pflanzlicher Kost ist nicht optimal – am besten ist immer ein Mix aus pflanzlichen und tierischen Proteinen. Und genau das macht die ovo-lacto-vegetarische Kost zur besseren Wahl.

# NÄHRSTOFFE FÜR VEGGIE-BABYS

**Beta-Karotin und Folsäure, Vitamin B1, B2 und B6 sind ausreichend in Pflanzlichem enthalten. Aber folgende Nährstoffe können knapp werden.**

### 1 EIWEIß
Eiweiß aus Fleisch und anderen tierischen Lebensmitteln ist für den Körper besonders gut geeignet. Auch pflanzliches Eiweiß ist wertvoll. Dabei kommt es darauf an, verschiedene Eiweißquellen geschickt zusammenzustellen. Vor allem die Kombinationen aus Kartoffeln mit Ei, Kartoffeln mit Milchprodukten, Getreide mit Milchprodukten und Getreide mit Hülsenfrüchten und Nüssen sind toll.

### 2 EISEN
Wenn ab dem fünften Monat die Beikost eingeführt wird, ist vor allem Eisen wichtig, denn Babys Vorräte sind erschöpft. Pflanzliches Eisen ist zwar nicht so gut verwertbar, aber Vitamin C verbessert seine Bioverfügbarkeit. Achten Sie darauf, eisenreiche Körner (siehe S. 14), Saaten (siehe S. 18) und Gemüsesorten (siehe Klappe hinten) mit Vitamin-C-reichem Saft zu kombinieren.

### 3 ZINK
Zink kann bei Fleischverzicht zu kurz kommen. Deshalb sollten Sie viele Nüsse und Kerne in der Beikost verarbeiten – fein gemahlen oder als Paste. Auch Dinkel, Hülsenfrüchte und Eier enthalten reichlich Zink.

### 4 CALCIUM
Vor allem in Milch und Milchprodukten steckt reichlich Calcium. Ergänzen kann man es durch calciumreiche Gemüsesorten und Kerne.

### 5 JOD
Jod steckt vor allem in Seefisch, in anderen Lebensmitteln dagegen kaum. Muttermilch enthält nur Jod, wenn die Mutter selbst genug bekommt. Verwenden Sie daher unbedingt Jodsalz! Bei Mangel kann Jod durch Tabletten ergänzt werden.

### 6 OMEGA-3-FETTSÄUREN
Fetter Seefisch, Nüsse und Öle (siehe S. 17) enthalten wertvolle Omega-3-Fettsäuren. Bei Fischverzicht sollten Sie Saaten und Öle verwenden, die viel davon enthalten, z. B. Rapsöl.

### 7 VITAMIN C
Vitamin C ist in unserer Nahrung ausreichend enthalten. Weil es die Eisenaufnahme unterstützt, sollte es als Fruchtsaft oder Vitamin-C-reiches Gemüse eisenreiche Speisen ergänzen. Immer zum Schluss zugeben, da es kein Kochen verträgt!

### 8 VITAMIN B12
Dieses Vitamin steckt wirklich nur in tierischen Lebensmitteln. Veganern wird es daher als Spritze oder Tablette verabreicht. Wer Milch, Milchprodukte und Eier isst, kommt auf seinen Bedarf.

### 9 VITAMIN D
Vitamin D bekommen wir kaum übers Essen. Viel größere Mengen produzieren unsere Hautzellen unter Sonneneinstrahlung. Säuglingen wird Vitamin D als kleine Tablette verabreicht.

1
2
3
4
5
6
7
8
9

# DER VEGGIE-SPEISEPLAN IM ERSTEN JAHR

**Ihr Kind wird von einem Säugling zum Löffeling. Am Ende sitzt es mit Ihnen am Tisch. Was ist in dieser Zeit wichtig – besonders bei vegetarischer Kost?**

## INTERNATIONALE EMPFEHLUNGEN

Wann mit der Beikost begonnen wird, ist international nicht ganz einheitlich. Während die Weltgesundheitsorganisation (WHO) ausschließliches Stillen in den ersten sechs Monaten empfiehlt, weil Beikost und Milchnahrung in der Dritten Welt ein hygienisches Risiko darstellen, relativiert die Europäische Behörde für Lebensmittelsicherheit (EFSA) dies ein wenig, indem sie Beikost ab Beginn des fünften Monats zulässt, das Füttern glutenhaltiger Breie aber unbedingt vor Ende des siebten Monats empfiehlt, parallel zum Stillen. In Deutschland hat das Netzwerk Junge Familie im Auftrag des Bundesministeriums für Ernährung einen Leitfaden entwickelt (www.gesundinsleben.de). Alle sind sich einig: Stillen ist im ersten Lebenshalbjahr das Beste. Noch besser ist es, parallel zum Stillen mit der Beikost zu beginnen. Das weitere Stillen im zweiten Halbjahr ist wünschenswert, aber darüber hinaus sind keine Vorteile nachweisbar. Das ist dann eine Sache zwischen Mutter und Kind – so die Experten. Während früher zu einer späten Beikost geraten wurde, sollte heute ab Beginn des fünften Monats, aber spätestens nach Ende des sechsten Monats zugefüttert werden.

Einig sind sich die Forscher darin, dass Säuglinge auch vegetarisch gut gedeihen. Allerdings muss dabei besonders auf die Zusammenstellung und Qualität der Zutaten geachtet werden: Vollkorngetreideflocken statt Stärke oder Zucker, Samen wie Amaranth, Quinoa oder Buchweizen, Nüsse und Saaten wie Sesam oder Kürbiskerne. Auch nährstoffreiche Gemüse und Vitamin-C-reiches Obst gut mischen, auf Öle mit viel Omega-3-Fettsäuren achten und ab und zu Butter (siehe S. 17) verwenden, das verbessert die Versorgung. Seit Vielfalt auch bei Babys in der Beikost ab Beginn des fünften Monats erwünscht ist, ist eine vollwertige vegetarische Ernährung möglich.

## DIE VEGETARISCHE REIHENFOLGE

Die Beikost wird nach und nach eingeführt (siehe Klappe vorne): traditionell zuerst der Gemüsebrei mittags, dann der Milchbrei abends und zuletzt der Getreide-Obstbrei nachmittags. Diese Reihenfolge hat Gründe, die für Vegetarier nicht mehr so wichtig sind: Die Eisenreserven des Babys reichen knapp fürs erste Halbjahr, Muttermilch enthält relativ wenig Eisen und diese Lücke soll die erste Beikost – nämlich der Gemüse-Kartoffel-Fleisch-Brei – schließen. Aber ohne Fleisch? Da übernehmen vor allem Getreide, aber auch Nüsse und Saaten sowie einige Gemüsesorten die Aufgabe des Eisenlieferanten. Diese pflanzlichen Lebensmittel enthalten zwar viel mehr Eisen als Fleisch, aber es wird nur ein Viertel so gut verwertet! Trotzdem ist es möglich, den Eisenbedarf auch vegetarisch zu decken (siehe S. 8). Getreide und damit Eisen ist aber in allen drei vegetarischen Breisorten enthalten, auch im Mittagsbrei. Deshalb ist für Veggie-Babys die Reihenfolge der Einführung der Breie nicht mehr so wichtig, es kann auch der Nachmit-

tagsbrei zuerst gefüttert werden. Eine besondere Regel gibt es nur für die Abendbreie, die Milch enthalten: Sie sollten nicht vor Beginn des sechsten Monats gefüttert werden. Denn vorher verträgt Ihr Kind Kuhmilch noch nicht so gut.
Versorgen Sie Ihr Baby flexitarisch, also nur ab und zu mal vegetarisch, sollten Sie allerdings tatsächlich mit dem Mittagsbrei beginnen, wegen der eisenreichen Fleischportion.

**LÖFFELN ODER SAUGEN?**

Beikost einführen klingt so einfach, ist es aber nicht immer. Manche Babys stürzen sich auf »richtiges« Essen, schauen schon früh ganz interessiert auf Mamis Teller. Doch die meisten Säuglinge sind von den ersten Löffeln nicht so begeistert. Der Saugreflex ist noch so stark, dass sie den Brei vom Löffel lutschen und erst im Laufe des zweiten Lebenshalbjahres den Schluckreflex beherrschen. Außerdem müssen sie sich erst an den ungewohnten neuen Geschmack und das Mundgefühl gewöhnen. Und an den Löffel anstelle des Saugers. Deshalb am Anfang den Brei fein pürieren, etwas flüssiger halten und auf eine leichte natürliche Süße achten – auf diese Weise wird Brei von vielen Babys eher akzeptiert. Am Anfang reichen ja ein paar Löffel. Bevor eine ganze Breiportion aufgegessen wird, dauert es meist mehr als eine Woche und das ist gut so.
Gerade den abendlichen Milchbrei füttern manche Mütter noch gerne mit der Flasche und dem Breisauger. Deshalb finden Sie auch Rezepte, die sich dafür eignen. Für voll stillende Mütter ist es aber sinnvoll, die Beikosteinführung gleich mit dem Löffel zu beginnen, schließlich kennt ein gestilltes Kind keine Flasche. Denn die Versuchung, den Abendbrei als Betthupferl im Fläschchen zu geben, ist groß. Und das tut den Zähnen nicht gut.

**WANN MUSS EIN BABY EXTRA TRINKEN?**

Solange Ihr Kind parallel zur Breinahrung noch regelmäßig Muttermilch oder Pre-Säuglingsmilchnahrung bekommt, braucht es keine zusätzliche Flüssigkeit. Es sei denn, es ist krank und verliert dadurch mehr Flüssigkeit. Auch die ersten Breie ändern daran nichts. Erst, wenn Ihr Kind täglich drei Breimahlzeiten isst, braucht es zusätzlich etwa 200 ml Flüssigkeit. Idealerweise bieten Sie Ihrem Baby reines Leitungswasser oder stilles Mineralwasser aus der Trinklerntasse an. Gesüßte Tees und zuckerhaltige Getränke sollten tabu sein. Es spricht aber nichts gegen milde Kräutertees oder dünn gekochten Früchtetee. Auch wenn Ihr Baby etwas Trockenes wie Kekse oder Brot isst, erhöht das seinen Flüssigkeitsbedarf. Damit Ihr Baby sich nicht ans Dauernuckeln gewöhnt, führen Sie am besten gleich das Trinken aus der Tasse ein.

# WAS DEM BABY BEKOMMT

**Das Verdauungssystem ist noch nicht ausgereift, wenn kleine Menschen zur Welt kommen. Trotzdem sind sie anpassungsfähiger als wir meinen. Das Wichtigste ist neben guter Information Ihre Beobachtung, wie es auf neue Lebensmittel reagiert.**

## ALLERGIEN UND UNVERTRÄGLICHKEITEN

Wer ab dem Ende des vierten Monats Beikost einführt und weiterstillt, beugt Allergien beim Baby vor. Vielfalt heißt heute die Devise – in kleinen Mengen wirkt das wie eine Impfung. Es gibt sogar Lebensmittel, die das Risiko für Neurodermitis und Asthma senken und die vor einigen Jahren noch als riskant im Hinblick auf Allergien schienen: Fisch – vor allem Seefisch, der viel Omega-3-Fettsäuren enthält, wie Lachs, Makrele, Hering oder Sardine, schützt vor Allergien. Milchfett, also Butter oder Vollmilch vor Ekzem! Margarine dagegen erhöht das Risiko beim Baby, wenn die Mutter sie in der Schwangerschaft gegessen hat. Nüsse, die als Auslöser für Allergien verdächtigt wurden, sind heute kein Tabu mehr, und auch das Hühnerei ist rehabilitiert. Traumhafte Verhältnisse für Vegetarier! Nur vor Soja als Säuglingsmilchnahrung wird weiterhin gewarnt.

## ZÖLIAKIE

... ist eine Unverträglichkeit von Gluten, einem Getreideeiweiß, das vor allem in Weizen, aber auch in Dinkel, Roggen, Gerste und zum Teil in Hafer vorkommt. In Deutschland sind etwa 0,3 Prozent der Bevölkerung betroffen. Die Darmzotten verkümmern bei ständigem Kontakt mit Gluten, die betroffenen Babys haben Bauchweh und schwere Gedeihstörungen. Die beste Vorbeugung gegen Zöliakie besteht auch bei Risikokindern, in deren Familien die Krankheit vorkommt, darin, glutenhaltiges Getreide in kleinen Mengen ab Beginn des fünften Monats parallel zum Stillen zu füttern. Also keine Glutenhysterie!

## KUHMILCH IM 1. LEBENSJAHR?

Ja – aber nur im Abendbrei und erst ab Beginn des sechsten Monats. Schauen Sie sich die Instant-Abendbreie an: In der Regel enthalten sie Kuhmilch. Das ist auch gut so: Das Fett in der Milch von Wiederkäuern scheint eine Schutzwirkung gegen Allergien zu haben. Doch mehr als 200 ml sollten es nicht sein, dazu enthält Kuhmilch zu viele Mineralstoffe, die die Nieren belasten. Das Glas Milch und der Becher Joghurt müssen noch warten.

## TABU IM 1. JAHR

Bei aller Vielfalt: Honig und Rohmilch sind im ersten Jahr tabu. Honig kann Botulismusbakterien enthalten. Deren giftige Sporen kann Ihr Baby noch nicht abbauen. Ebenso gefährlich können Rohmilch und ihre Produkte sein, weil sie womöglich EHEC-Bakterien enthalten.

## VIELFALT TROTZ BLÄHUNG UND WUNDSEIN?

Das Verdauungssystem Ihres Kindes reift im Laufe des ersten Jahres. Von Ihnen bekommt es bei der Geburt seine erste Darmmikrobiota. Diese Bakterien sind wichtig, um einerseits die Immunabwehr zu stärken, andererseits unverdauliche Ballaststoffe abzubauen. Dabei entstehen Gase, und die können Blähungen verursachen. Auch scharfe oder saure Speisen können Probleme bereiten: Die Haut am Po wird dann wund. Schränken Sie die Palette der Lebensmittel aber nicht von vornherein ein. Wenn Sie meinen, ein Lebensmittel mache Probleme, lassen Sie es einige Tage weg. Ändert sich nichts, unbedingt wieder einführen! Vielfalt vermeidet einseitige Fehlernährung und bildet den Geschmack Ihres Kindes.

# VON KÖRNERN UND FLOCKEN

**Sie sorgen für Sättigung und ihre Anteile an Eisen und Zink, Eiweiß und B-Vitaminen machen sie unersetzlich in der Veggiekost. Für alle gilt: Hauptsache Vollkorn!**

### 1 WEIZEN
Weizen hat eine gute Eiweißqualität, vor allem zusammen mit Milch. Nudeln, Grieß, Bulgur, Couscous und Gebäck – alles aus Weizen. Er ist glutenreich. Immer als Vollkorn, bei Mehl auch als etwas hellere 1050er Type verwenden.

### 2 DINKEL
Der »Urweizen«, enthält mehr Zink und B-Vitamine als Weizen. Dazu ist er gut verträglich und nicht überzüchtet, weil er nicht intensiv angepflanzt werden kann. Er enthält ebenfalls Gluten. Als Flocken oder Grieß zubereiten.

### 3 HAFER
Hafer ist in Flockenform der Klassiker im Babybrei. Er enthält viele gesunde Fette, sehr hochwertiges Eiweiß, evtl. Gluten in Spuren. Eisen, Calcium und Zink machen ihn in der Veggiekost unentbehrlich.

### 4 GERSTE
Sie ist reich an Folsäure und Fluorid, enthält wenig Gluten und ist besonders verträglich. Weniger wertvoll: Gerstengraupen.

### 5 HIRSE
Hirse ist glutenfrei und steckt voll Eisen, Fluor, Zink und Omega-3-Fettsäuren: wichtig für Vegetarier. Frisch verwenden, am besten als Flocken, sonst wird sie bitter. Unbehandelt enthält Hirse viel Phytinsäure, die Minerale bindet.

### 6 BUCHWEIZEN
Die eckigen, glutenfreien Körner schmecken nussig und punkten mit bester Eiweißqualität und vielen B-Vitaminen. Sie können Gerbsäure enthalten, deshalb als Flocken oder Babybrei verwenden.

### 7 REIS
Reis als Korn oder Flocken enthält viel Kalium, ist aber für die Veggiekost nicht ideal, weil er nur wenig Mineralstoffe enthält. Er ist glutenfrei, enthält wenig Fett und ist gut bei Magen-Darm-Infekten.

### 8 MAIS
Polenta, Maisgrieß, ist durch seine gelbe Farbe und den milden Geschmack ein echtes Kinderessen. Tatsächlich ist Mais aber nicht sonderlich reich an wertvollen Inhaltsstoffen.

### 9 AMARANTH
Das Inkakorn enthält mehr Eisen als alle Getreidesorten: wichtig für Vegetarier. Sein Eiweißgehalt ist top. Auch in puncto Calcium und Zink ist Amaranth Spitze. Es gibt ihn als ganze Körner, die noch gekocht werden müssen, oder gepufft zum schnellen Einrühren in den Brei.

### 10 QUINOA
Das Korn aus den Anden enthält viel hochwertiges Eiweiß, Omega-3-Fettsäuren und Vitamin B1, allerdings auch Bitterstoffe, sogenannte Saponine, die durch Waschen der Körner reduziert werden.

1
2
3
4
5
6
7
8
9
10

# WIE VEGGIE DARF'S SEIN?

**Sojaprodukte sind nachhaltiger als Milchprodukte, und die Palette dieser Produkte erweitert sich ständig. Aber tun sie dem Baby auch gut? Und wie sieht es mit Milch und Milchprodukten aus? Ist Margarine besser als Butter? Und welches Öl ist ideal?**

## SOJA FÜR SÄUGLINGE?

Soja sollte normalerweise nicht als Säuglingsmilchnahrung gefüttert werden, davor warnt auch das Bundesinstitut für Risikobewertung (www.bfr.bund.de). Die langfristige Wirkung der Isoflavone auf die Entwicklung ist völlig ungeklärt. Deshalb nur nach Absprache mit dem Kinderarzt geben! Bei einer Allergie gegen Kuhmilcheiweiß lieber spezielle Eiweißhydrolysate verwenden, denn Soja kann auch Allergien hervorrufen. Hier hilft der Kinderarzt. Übrigens kommt eine Laktoseunverträglichkeit bei Säuglingen kaum vor: Muttermilch enthält viel mehr Laktose (Milchzucker) als Kuhmilch. Ab und zu im Mittagsbrei neutralen Tofu oder den weicheren Seidentofu zu verwenden, ist sicher kein Problem. Allerdings sollte er ungewürzt sein.

## WELCHE MILCH?

Kuhmilch enthält viel mehr Mineralstoffe und Eiweiß als Muttermilch: zu viel für die Nieren des Babys. Außerdem ist ihr Eiweiß schwerer verdaulich. Deshalb ist sie im ersten Halbjahr ungeeignet. Im Laufe des sechsten Monats verträgt Ihr Kind täglich 200 ml Milch, die es im Abendbrei bekommt. Entgegen allen Gerüchten: Ziegen- oder Stutenmilch ist keinesfalls besser geeignet. Die beste Alternative zu Muttermilch ist Pre-Säuglingsmilchnahrung. Ende des ersten Lebensjahres ist das Milchlimit nicht mehr so streng. Übrigens: Die Muttermilch von Veganerinnen enthält zu wenig Vitamin B2 und B12, es sei denn, sie nehmen Vitaminpräparate.

## HÜLSENFRÜCHTE

Frisch kennen wir sie als Zuckererbsen, grüne Erbsen und Brech- oder Stangenbohnen. Die getrockneten Kerne sind Linsen und Bohnen in vielen Farben, Erbsen und Kichererbsen. Alle Hülsenfrüchte sind unglaublich reich an Eiweiß und Mineralstoffen wie Eisen und Zink: wichtig für Vegetarier. Aber sie enthalten auch Ballaststoffe, die Blähungen verursachen können. Deshalb lieber mit den frischen Hülsenfrüchten beginnen und erst gegen Ende des ersten Jahres die getrockneten geben, die schwerer verdaulich sind: zum Beispiel gelbe und rote Linsen oder fein pürierte Kichererbsen. Fenchelsamen, Kümmel, Kreuzkümmel und Ingwer machen sie leichter verdaulich.

## WELCHES ÖL?

Da Vegetarier auch keinen Fisch essen, sollten Öle möglichst viele Omega-3-Fettsäuren enthalten. Top sind Leinöl, Leindotteröl, Raps-, Walnuss- und Sojaöl. Flop sind Distel-, Maiskeim- und Sonnenblumenöl, Olivenöl ist neutral. Leindotteröl bitte im Tiefkühlfach lagern: So wird es nicht ranzig.

## BUTTER ODER MARGARINE?

Milchfett – und Butter ist nichts anderes – scheint eine schützende Wirkung gegen Asthma zu haben: bei täglichem Verzehr sank das Risiko um 70 Prozent, bei Vollmilch um 40 Prozent. Es wird vermutet, dass spezielle Wiederkäuerfette das Allergierisiko allgemein senken. Besonders viel davon enthält die Milch von Weidekühen, die in Biobutter und irischer Butter verarbeitet wird. Konventionelle Butter enthält weniger davon. Und Margarine hat diesen Effekt überhaupt nicht. Dem Brei deshalb lieber abwechselnd Butter und Öle mit vielen Omega-3-Fettsäuren zugeben.

# VON NÜSSEN UND SAMEN

**Sie enthalten, was zum Wachsen nötig ist: Eiweiß und Fett, Mineralstoffe und Vitamine – alles vom Besten!**

1 **ERDNÜSSE**
Eigentlich sind sie Hülsenfrüchte, deshalb auch etwas fettärmer. Sie enthalten neben den üblichen Mineralstoffen auch Vitamin A und C. Die meisten Nährstoffe bekommt man, wenn man die Nüsse selbst knackt. So sind sie frei von Salz und anderen Gewürzen und lassen sich leicht musen.

2 **ESSKASTANIEN (MARONI)**
Sie sind noch fettärmer als Erdnüsse, reich an Kohlenhydraten und können fast als Kartoffelersatz verwendet werden. Durch die vielen B-Vitamine, die Aminosäure Tryptophan und den Mineralstoff Kalium, die sie enthalten, sind sie beruhigend und gut verträglich.

3 **HASELNÜSSE**
Sie sind reich an Calcium, Eisen und Vitamin E. Ihr milder, nussiger Geschmack macht sie besonders als Zutat im Brotaufstrich sehr beliebt.

4 **KÜRBISKERNE**
Die grünen Kerne sind reich an Zink und Fluorid sowie an Betacarotin und entfalten beim Rösten ein würziges Aroma.

5 **MANDELN**
Sie sind reich an Mineral- und Nährstoffen und enthalten ungeschält besonders viele Ballaststoffe. Früher wurde Mandelmilch als Milchersatz gepriesen – ein gefährlicher Fehler, denn Mandeln enthalten wenig Calcium und können Milch auf keinen Fall ersetzen. Gut geeignet für die Babyernährung ist Mandelmus ohne weitere Zusätze.

6 **PINIENKERNE**
Sie sind besonders mild und gefällig, dabei aber sehr reich an Kalium, Eisen und antioxidativem Vitamin E. Wegen ihrer weichen Beschaffenheit sind sie für die Babyküche ideal.

7 **SESAMSAMEN**
Der Star der Gruppe ist unschlagbar im Eisengehalt, aber auch Zink, Fluorid und Jod sind reichlich enthalten. Für Babys eignet sich Sesam am besten in Form von Mus (Tahin). Weißer Tahin enthält von allen guten Inhaltsstoffen etwas weniger als die braune, vollwertige Variante. Achtung: Das Mus vor der Verwendung immer umrühren, weil sich das Fett schnell absetzt.

8 **SONNENBLUMENKERNE**
Sie sind Spitze in Sachen Vitamin E und Folsäure, aber auch reich an allen anderen Mineralstoffen, die ein Baby zum Wachsen braucht.

9 **WALNÜSSE**
Sie sind durch ihre vielen wertvollen Inhaltsstoffe eine wahre Hirnnahrung. Ihr Fettanteil ist optimal zusammengesetzt und enthält viele der wichtigen Omega-3-Fettsäuren. Sie sind weich und deshalb leicht zu zermusen.

1
2
3
4
5
6
7
8
9

# KOCHEN FÜR BABY & CO.

**Ein Baby wächst in seine Familie hinein – auch was das Essen und was die Keime betrifft. Deshalb brauchen Sie keine übertriebenen Hygienevorschriften zu beachten: Sauberkeit reicht. Kochen Sie einfach gleichzeitig für sich und Ihr Baby: Die Babyportion wird vor dem Salzen abgezweigt.**

## AUF VORRAT KOCHEN?

Gerade anfangs sind die Babyportionen klitzeklein. Da ist es sinnvoll, gleich mehr herzustellen, zu pürieren, portionsweise in TK-Beutel abzufüllen und einzufrieren. Ob Sie das Fett vorher zugeben oder erst nach dem Erwärmen, ist bei einer Lagerzeit von ein paar Wochen egal. Aber wenn Sie für zwei bis drei Tage kochen, können Sie die zweite Portion auch gut verschlossen in einer Box im Kühlschrank lagern. Ob tiefgefroren oder nur gekühlt: am besten vor dem Füttern einmal kurz aufkochen. Den Saft möglichst erst nach dem Erhitzen zugeben, damit das empfindliche Vitamin C nicht von der Hitze zerstört wird. Und die Reste, die das Baby nicht isst? Entweder vernichten, oder in Saucen oder Suppen für die Familie unterbringen.

## WAS VERTRAGEN BABYS EIGENTLICH NOCH NICHT?

Sehr salzige Zutaten belasten seinen Mineralhaushalt. Deshalb sind Brot, vor allem in Form von Laugengebäck, und pikante Spezialitäten oder Fertiggerichte bis gegen Ende des ersten Jahres ungeeignet! Kekse können Acrylamid enthalten, außerdem sind sie meist zuckrig und reich an gesättigten Fetten. Und die beliebten Reiscracker? Sind arm an Mineralstoffen. Ein Baby muss nicht pausenlos etwas zu essen bekommen: Damit schaffen Sie falsche Gewohnheiten! Und zu trinken? Am besten einfach Trinkwasser oder stilles Wasser geben – da kann auch was danebengehen.

## BIO ODER REGIONAL?

Biogemüse und -getreide enthalten die geringsten Rückstände. Aber auch konventionell Angebautes ist für Babys geeignet, da die Grenzwerte extrem niedrig sind. Regionales in der Saison zu verarbeiten ist sinnvoll: So frisch und reich an wertvollen Inhaltsstoffen ist keine Import- oder Lagerware. Immer aber sollte es eine Entscheidung für die ganze Familie sein: Ihr Baby braucht kein Extraessen.

## GRAMMGENAU?

Sie müssen die Zutaten nicht mit der Goldwaage abwiegen. Aber ganz ohne Waage geht es nicht. Bei kleinen Mengen hilft es, einen Esslöffel und Teelöffel als »Maß« zu wählen und abzuwiegen, wie viel Milliliter Öl oder Gramm Getreide, Nusspaste oder Butter sie fassen. Zum Messen kleiner Flüssigkeitsmengen ist die Babyflasche ideal.

## VOLLWERTIG – ABER FEIN

Gerade bei vegetarischer Kost ist es wichtig, Vollkorn zu verwenden, denn in den Außenschichten der Körner sind knappe Mineralstoffe wie Eisen und Zink und Vitamine konzentriert. Doch fürs Baby sollte Vollkorn fein vermahlen sein – schließlich kann es noch nicht kauen. Auch derbe Rohkost kann es nicht bewältigen, wohl aber weiches Obst, Avocado, Tomate oder andere weiche Gemüsesorten. Gründlich waschen, trocken reiben, aber nur derbe Schalen entfernen, denn in und unter der Schale stecken die meisten Nährstoffe. Je einfacher die Zutaten, desto besser!

OPINEL
INOX

# MITTAGS GIBT'S GEMÜSEBREI

Ganz egal, ob Sie für Ihr Baby nur ein Essen zubereiten, auf Vorrat kochen oder selbst mitessen möchten: Hier finden Sie für alle Fälle Rezepte, bei denen Ihr Baby auch ohne Fleisch und Fisch alle Nährstoffe bekommt, die es zum Wachsen braucht. Ab Beginn des fünften Monats bis zum ersten Geburtstag!

# GRUNDREZEPT VEGGIE-BREI

**Mineralstoffreich: eine Kombination aus Getreidevollkorn, Gemüse und ein wenig Vitamin-C-reichem Saft. Am besten auf Vorrat zubereiten!**

50 g Pastinaken
50 g Kartoffeln
50 g Brokkoli
10 g zarte Haferflocken
3 EL (30 ml) Apfelsaft naturtrüb
1 EL Rapsöl oder Butter

**Stuhlauflockernd | ab Beginn 5. Monat**

Für 1 Portion | 25 Min. Zubereitung
Pro Portion ca. 200 kcal, 4 g EW, 11 g F, 21 g KH

1 Pastinaken und Kartoffeln waschen, schälen und grob würfeln. Den Brokkoli waschen, putzen und in Röschen teilen, Stiele klein würfelig schneiden (Bild 1).

2 150 ml Wasser in einem kleinen Topf erhitzen. Pastinaken, Kartoffeln und Brokkoli zugeben (Bild 2) und zugedeckt bei schwacher Hitze 12 – 15 Min. kochen, bis alles weich ist.

3 Die Haferflocken einrühren (Bild 3) und das Gemüse unter ständigem Rühren aufkochen lassen. Den Topf vom Herd ziehen.

4 Den Apfelsaft unterrühren und alles kurz mit dem Stabmixer fein pürieren. Das Öl oder die Butter dazugeben und gründlich unter den fertigen Brei mischen.

TIPP

Um Zeit zu sparen, können Sie die Pastinaken-Brokkoli-Kartoffelmischung auf Vorrat zubereiten und in Portionen einfrieren. Dann müssen Sie nur noch Haferflocken zugeben, alles einmal aufkochen und anschließend Saft und Fett untermischen. Auf den Seiten 30 und 31 finden Sie weitere saisonale Gemüsemixe für den Vorrat.

VARIANTE

**BUNTE VIELFALT**

Statt Brokkoli, der reich an Vitamin C ist, können Sie diesen Brei auch mit anderen Gemüsesorten (siehe Gemüsetabelle, Umschlagklappe hinten) wählen.
Statt Haferflocken bieten sich Flockenmixe für die Säuglingsernährung an oder zarte Flocken von Dinkel oder Hirse, Buchweizenmehl oder Pop-Amaranth.

1

2

3

## HIRSE-MÖHREN-BREI

300 g Möhren | 150 g Kartoffeln | 75 g reife Tomate | 30 g Hirseflocken (Instant) | 3 EL Öl oder Butter

**Eisenreich | ab Beginn 5. Monat**

Für 3 Portionen | 20 Min. Zubereitung
Pro Portion ca. 175 kcal, 3 g EW, 11 g F, 17 g KH

1 Möhren und Kartoffeln waschen, schälen und klein würfeln. 300 ml Wasser erhitzen. Gemüsewürfel darin zugedeckt 10 Min. kochen lassen.

2 Inzwischen Tomate waschen, Stielansatz entfernen, dann in Spalten schneiden.

3 Hirseflocken einstreuen und das Gemüse unter Rühren 2 Min. kochen lassen. Vom Herd nehmen, mit der Tomate fein pürieren. Portionsweise einfrieren. Vor dem Einfrieren oder nach dem Auftauen pro Portion je 1 TL Fett zugeben.

### TIPP

**Die Tomaten wegen des Vitamin-C-Gehalts weder häuten noch aufkochen!**

## AMARANTH-BATATEN-BREI

30 g Amaranth | 230 g Chinakohl | 230 g Bataten (Süßkartoffeln) | 3 EL Öl oder Butter | 6 EL (60 ml) Orangensaft

**Eisen- und zinkreich | ab Beginn 5. Monat**

Für 3 Portionen | 40 Min. Zubereitung
Pro Portion ca. 210 kcal, 3 g EW, 11 g F, 23 g KH

1 Amaranth in einem Haarsieb waschen und in 300 ml Wasser zugedeckt 25 Min. köcheln lassen.

2 Chinakohl waschen, die Blattrippen fein, die Blätter grob hacken. Bataten waschen, schälen und klein würfeln. Nach 10 Min. zum Amaranth geben. In den letzten 5 Min. Chinakohl mitkochen.

3 Gemüse vom Herd nehmen und 5 Min. quellen lassen. Öl zugeben und alles mit dem Stabmixer fein pürieren. Vor dem Essen oder nach dem Auftauen pro Portion je 2 EL Saft zugeben.

### TIPP

**Schließt der Topfdeckel nicht richtig, verdampft mehr Flüssigkeit: bei Bedarf Wasser zugeben.**

# MANGOLD-TAHIN-BREI

300 g Mangold | 150 g Kartoffeln | 3 EL Tahin (45 g, Sesammus, Bioladen) | 90 ml Apfelsaft | 3 TL Öl oder Butter

**Eisen- und zinkreich | ab Ende 5. Monat**

Für 3 Portionen | 25 Min. Zubereitung
Pro Portion ca. 195 kcal, 5 g EW, 14 g F, 10 g KH

1 Mangold waschen, die Blattrippen herausschneiden und fein hacken, die Blätter grob hacken. Die Kartoffeln schälen und klein würfeln.

2 Kartoffeln in 150 ml Wasser aufkochen und bei schwacher Hitze 15 Min. kochen lassen, Mangold in den letzten 3 Min. mitdünsten.

3 Den Topf vom Herd nehmen. Tahin und Apfelsaft unterrühren und alles kurz pürieren oder zerstampfen. Vor dem Einfrieren oder nach dem Auftauen pro Portion 1 TL Fett zugeben.

## TIPP

**Kartoffeln werden beim Pürieren schnell kleistrig. Deshalb nur kurz musen oder stampfen.**

# TOFU-GRÜNKOHL-BREI

240 g Kartoffeln | ca. 480 g frischer Grünkohl (240 g geputzt, 180 g TK) | 90 g milder Apfel | 30 g Seidentofu | 3 EL Öl oder Butter

**Vitaminbombe | ab Ende 5. Monat**

Für 3 Portionen | 25 Min. Zubereitung
Pro Portion ca. 220 kcal, 5 g EW, 11 g F, 24 g KH

1 Kartoffeln und Grünkohl waschen. Kartoffeln schälen und würfeln. Vom Grünkohl die dicken Blattrippen entfernen, die Blätter grob hacken.

2 In einem kleinen Topf die Kartoffeln und den Grünkohl mit 200 ml Wasser ca. 15 Min. garen.

3 Den Apfel waschen, schälen und grob würfeln. Mit dem Tofu in den Topf geben und alles kurz pürieren. Je 1 TL Öl oder Butter vor dem Einfrieren oder nach dem Auftauen zu jeder Portion geben.

## TIPP

**Grünkohl ist eisenreich, aber derb, deshalb zarte Blätter verwenden. Nicht zu lange pürieren, sonst werden die Kartoffeln kleistrig.**

# VEGGIE-VORRATSMIX

**Beim Veggie-Brei kommt es auf eine optimale Gemüsemischung an. Da lohnt es, mehrere Portionen zuzubereiten und einzufrieren. Saisonale Mixe auf der nächsten Seite helfen dabei!**

300 g Kartoffeln
200 g Pastinaken
200 g Kohlrabi mit Grün
200 g rote Paprika

**Zum Fertigstellen pro Portion:**

10 g Getreideflocken
2–3 EL Saft
1 EL Öl oder Butter

**Vitaminbombe | ab Beginn 5. Monat**

Für 6 Portionen | 45 Min. Zubereitung
Pro Portion ca. 185 kcal, 11 g F, 18 g KH, 3 g EW

1 Kartoffeln waschen und mit Schale in wenig Wasser in 20–25 Min. garen (Bild 1). Das Gemüse waschen. Pastinaken schälen und würfeln. Kohlrabiknolle schälen und würfeln. Die Stiele in Stücke, die Blätter in Streifen schneiden. Paprika in der Mitte zerteilen, die Kerne und das Innere entfernen. Den Rest grob würfeln. Das Gemüse ohne Kohlrabiblätter in 200 ml Wasser aufkochen und 10 Min. zugedeckt dünsten. Kohlrabiblätter zugeben und weitere 5 Min. dünsten.

2 Das Gemüse fein pürieren (Bild 2). Die Kartoffeln abschrecken und pellen, dann mit dem Kartoffelstampfer zerdrücken oder durch eine Presse drücken (Bild 3) und unter das Gemüsepüree mischen. Abkühlen lassen und portionsweise einfrieren.

3 Jede Gemüseportion vor dem Essen mit den Getreideflocken einmal aufkochen, evtl. Flüssigkeit zugeben und dann Saft und Öl oder Butter untermischen.

TIPP

**Die Nährstoffzusammensetzung dieses und der vier folgenden saisonalen Gemüsemixe ist besonders wertvoll. Denn zur Saison steckt frisches Gemüse aus der Region bis zum Rand voll gesunder Inhaltsstoffe. So können Sie sich passend zu jeder Jahreszeit tolle Vorräte anlegen. Alle Gemüsemixe können zusätzlich mit 1 Handvoll frischer Kräuter der Saison püriert werden.**

VARIANTE

**FÜR DIE GROSSEN**

**Für eine Erwachsenensuppe einen Teil Gemüse abnehmen und mit Chiliflocken, Salz, Zitronensaft und Ziegenfrischkäse abschmecken. Mit Kürbiskernen bestreuen.**

1

2

3

## BUNTER FRÜHJAHRSMIX

300 g Kartoffeln | 200 g Spinat (oder Kohlrabi mit Grün) | 200 g Spargel | 200 g junge Möhren
**Zum Fertigstellen pro Portion:**
10 g Getreideflocken | 2 – 3 EL Saft | 1 EL Öl

**Stuhlauflockernd | ab Beginn 5. Monat**

Für 6 Portionen | 45 Min. Zubereitung
Pro Portion ca. 195 kcal, 11 g F, 20 g KH, 4 g EW

1 Kartoffeln waschen, mit Schale in wenig Wasser in 20 – 25 Min. garen, pellen und durch eine Presse drücken. Inzwischen Gemüse waschen. Spinat verlesen, dicke Stiele entfernen. Spargel schälen, Möhren nur putzen und in grobe Stücke schneiden.

2 Möhren (und evtl. Kohlrabi) in 200 ml Wasser 20 Min zugedeckt garen, nach 5 Min. Spargel zugeben. Zuletzt Spinat zufügen und einmal aufkochen. Das Gemüse fein pürieren, Kartoffelstampf untermischen. Portionsweise einfrieren.

3 Jede Gemüseportion vor dem Essen mit den Getreideflocken einmal aufkochen, evtl. Flüssigkeit zugeben und dann Saft und Fett untermischen.

## GRÜNER SOMMERMIX

300 g Kartoffeln | 200 g Brokkoli | 200 g Fenchel mit Grün | 200 g Zuckerschoten
**Zum Fertigstellen pro Portion:**
10 g Getreideflocken | 2 – 3 EL Saft | 1 EL Öl

**Vitaminbombe | ab Ende 5. Monat**

Für 6 Portionen | 45 Min. Zubereitung
Pro Portion ca. 215 kcal, 11 g F, 23 g KH, 6 g EW

1 Kartoffeln waschen, mit Schale in wenig Wasser in 20 – 25 Min. garen, pellen und durch eine Presse drücken. Inzwischen Gemüse waschen, Brokkoliröschen vom Stiel schneiden, Stiel grob würfeln. Fenchel grob zerkleinern, Zuckerschoten halbieren.

2 Brokkolistiel und Fenchel in 200 ml Wasser aufkochen und zugedeckt 15 Min. dünsten. Nach etwa 10 Min. Röschen und Zuckerschoten zugeben. Das Gemüse fein pürieren, Kartoffelstampf untermischen. Portionsweise einfrieren.

3 Jede Gemüseportion vor dem Essen mit den Getreideflocken einmal aufkochen, evtl. Flüssigkeit zugeben und dann Saft und Fett untermischen.

## GOLDENER HERBSTMIX

300 g Kartoffeln | 200 g Hokkaido-Kürbis (geputzt) | 200 g Pastinaken | 200 g Mangold
**Zum Fertigstellen pro Portion:**
10 g Getreideflocken | 2 – 3 EL Saft | 1 EL Öl

**Stuhlauflockernd | ab Beginn 5. Monat**

Für 6 Portionen | 45 Min. Zubereitung
Pro Portion ca. 205 kcal, 11 g F, 23 g KH, 4 g EW

1 Kartoffeln waschen, mit Schale in wenig Wasser in 20 – 25 Min. garen, pellen und durch eine Presse drücken. Inzwischen Gemüse waschen, Kürbis entkernen (nicht schälen), Pastinaken schälen, Mangoldblätter von den Rippen trennen. Blattgrün in Streifen, übriges Gemüse in Würfel schneiden.

2 Gemüsewürfel zugedeckt 10 Min. in 200 ml Wasser garen. Nach 5 Min. Mangoldgrün zugeben. Das Gemüse fein pürieren, Kartoffelstampf untermischen. Abkühlen und portionsweise einfrieren.

3 Jede Gemüseportion vor dem Essen mit den Getreideflocken einmal aufkochen, evtl. Flüssigkeit zugeben und dann Saft und Fett untermischen.

## STARKER WINTERMIX

300 g Kartoffeln | 200 g Knollensellerie (geputzt) | 200 g Topinambur | 200 g Grünkohl
**Zum Fertigstellen pro Portion:**
10 g Getreideflocken | 2 – 3 EL Saft | 1 EL Öl

**Eisen- und zinkreich | ab Ende 5. Monat**

Für 6 Portionen | 45 Min. Zubereitung
Pro Portion ca. 200 kcal, 11 g F, 20 g KH, 4 g EW

1 Kartoffeln waschen, mit Schale in wenig Wasser in 20 – 25 Min. garen, pellen und durchpressen.

2 Inzwischen Gemüse waschen, Sellerie und Topinambur schälen und würfeln. Grünkohlblätter von den Stielen zupfen und grob hacken.

3 Gemüse zugedeckt 25 Min. in 200 ml Wasser garen. Das Gemüse fein pürieren, dann den Kartoffelstampf untermischen. Den Brei rasch abkühlen und portionsweise einfrieren.

4 Jede Gemüseportion vor dem Essen mit den Getreideflocken einmal aufkochen, evtl. Flüssigkeit zugeben und dann Saft und Fett untermischen.

# BABYBREI & PUFFER MIT SALAT

**Aus denselben Zutaten wird ein Brei aus Kartoffeln, Möhren, Ei und Haferflocken fürs Baby und Knusper-Puffer aus der Pfanne mit Feldsalat und Möhren für die Mutter!**

200 g Kartoffeln
300 g Möhren
1 Ei
60 g zarte Haferflocken
4 EL Apfelsaft
3 EL Rapsöl
Salz
Pfeffer
frisch geriebene Muskatnuss
50 g Feldsalat
1 TL Senf

**Eiweißreich | ab Ende 5. Monat**

Für 1 Erwachsenen und 1 Baby | 60 Min. Zubereitung
Portion Baby ca. 260 kcal, 16 g F, 20 g KH, 9 g EW

1 Kartoffeln und Möhren waschen und schälen, 100 g Möhre abnehmen, alles andere würfeln. 100 ml Wasser in einem kleinen Topf aufkochen, Kartoffel- und Möhrenwürfel darin 15 – 20 Min. zugedeckt garen. Anschließend mit dem Kartoffelstampfer zerstampfen. Das Ei verquirlen.

2 Für das Baby ein Drittel des Kartoffel-Möhrenpürees abnehmen und mit 2 – 3 EL verquirltem Ei, 2 EL Wasser und 1 EL Haferflocken in einem Topf kurz aufkochen lassen, evtl. Wasser zugeben. Zum Schluss 2 EL Saft und 1 EL Öl unterrühren.

3 Für den Erwachsenen das restliche Ei unter den Rest des Kartoffel-Möhrenpürees ziehen. Die übrigen Haferflocken einrühren und kräftig mit Salz, Pfeffer und geriebener Muskatnuss würzen.

4 Die übrigen Möhren raspeln. Den Feldsalat verlesen, dabei die kleinen Wurzeln abschneiden. Salat waschen und abtropfen lassen. Für die Vinaigrette 2 EL Apfelsaft mit 1 EL Rapsöl, Senf, Salz und Pfeffer verrühren. Dressing mit dem Salat mischen.

5 Aus der Masse mit angefeuchteten Händen 4 Puffer formen. 1 EL Öl in einer beschichteten Pfanne erhitzen und die Puffer von beiden Seiten 8 – 10 Min. goldbraun braten.

VARIANTE

**FÜR DIE GROSSEN**

**Statt Puffer aus dem Möhren-Kartoffelstampf eine Suppe zubereiten. Das Püree dazu mit Kokosmilch verdünnen und mit Salz, Pfeffer, Ingwer, Curry und gerösteten Sesamsamen abschmecken. Das Ei als Einlage in die heiße Suppe geben.**

# GRÜNER QUINOABREI & QUINOARISOTTO

250 g weißer Spargel | 200 g Zuckerschoten | 3 EL Frühlingskräuter | 30 g Parmesan | 80 g Quinoa | 1 EL Apfelsaft | 2 TL Butter oder Öl | 50 g Hüttenkäse | 1 EL Sahne | 50 ml Gemüsebrühe | Salz | Pfeffer

**Eiweißreich | ab Ende 5. Monat**

Für 1 Erwachsenen und 1 Baby | 40 Min. Zubereitung
Portion Baby ca. 205 kcal, 11 g F, 19 g KH, 7 g EW

**1** Das Gemüse waschen. Den Spargel mit einem Sparschäler dünn abschälen, untere Enden abschneiden und die Stangen in 0,5 cm breite Scheiben schneiden. Die Zuckerschoten waschen, putzen und schräg halbieren. Alle Kräuter waschen und trocken schütteln. Blättchen abzupfen, einige zum Garnieren zurücklegen, den Rest fein hacken. Den Parmesan reiben.

**2** Quinoa in einem Haarsieb gründlich waschen, dann mit 150 ml Wasser aufkochen und bei mittlerer Hitze zugedeckt 15 Min. kochen lassen. In den letzten 5 Min. die Spargelscheiben und die Zuckerschoten zugeben und mitgaren.

**3** Für das Baby ein Viertel der Quinoa-Gemüse-Mischung abnehmen, den Apfelsaft, 1 TL Frühlingskräuter und die Butter oder das Öl untermischen und alles pürieren.

**4** Für den Erwachsenen das übrige Risotto mit Hüttenkäse, Sahne und Brühe noch einmal aufkochen. Mit Salz, Pfeffer und Parmesan sowie den übrigen gehackten Kräutern kräftig würzen, mit den Blättchen garnieren.

# KOKOS-REIS-BREI & KAROTTENCURRY

170 g Kartoffeln | 80 g Vollkorn-Basmatireis oder Naturreis | 250 g zarte Möhren | 1 unbehandelte Orange | 1 EL Rapsöl | 30 g Pinienkerne | 150 ml Kokosmilch | Salz | Pfeffer | mildes Currypulver

**Leicht verdaulich | ab Ende 5. Monat**

Für 1 Erwachsenen und 1 Baby |
50 Min. Zubereitung
Portion Baby ca. 160 kcal, 9 g F, 18 g KH, 3 g EW

1 Kartoffeln waschen, schälen und grob würfeln. 300 ml Wasser aufkochen, Reis und Kartoffeln darin zugedeckt bei niedriger Hitze etwa 20 Min. garen, bis sie weich sind.

2 Möhren waschen und schälen, längs halbieren. Die Orange waschen, Schale oberflächlich abreiben, Orange halbieren und den Saft auspressen.

3 Öl in einer Pfanne erhitzen, Möhren im Ganzen dazugeben, bei schwacher Hitze 5 Min. zugedeckt braten. Dann Pinienkerne dazugeben und rösten, bis sie Farbe bekommen. Mit 50 – 100 ml Wasser aufgießen und 12 Min. zugedeckt garen, bis das Wasser verdunstet ist. Dann Kokosmilch zugeben und heiß werden lassen.

4 Für das Baby ein Viertel der Kartoffel-Reis-Menge und ein Viertel der Möhren mit etwa 2 EL Fond abnehmen. Mit einem Stabmixer pürieren, dann 2 EL Orangensaft zugeben.

5 Für den Erwachsenen den übrigen Orangensaft zu den Möhren geben, mit Orangenschale, Salz, Pfeffer und Curry abschmecken. Kartoffel-Reis-Mix salzen und dazu servieren.

# SPAGHETTI-ERBSBREI & CARBONARA

100 g Vollkorn-Spaghetti | ½ Bund Petersilie | 1 Ei | 1 Knoblauchzehe | 300 g frische Palerbsen oder 150 g TK-Erbsen | 2 EL Butter | 2 EL Apfelsaft | 50 g Kräuterfrischkäse | Salz | Pfeffer | frisch geriebene Muskatnuss

**Zinkreich | ab Ende 5. Monat**

Für 1 Erwachsenen und 1 Baby | 30 Min. Zubereitung
Portion Baby ca. 315 kcal, 14 g F, 34 g KH, 13 g EW

**1** Spaghetti nach Packungsangabe in Wasser bissfest kochen und abgießen – Wasser dabei auffangen und beiseitestellen.

**2** Petersilie waschen, trocken schütteln, Blättchen abzupfen und hacken. Ei verquirlen. Knoblauch schälen und hacken. Die Erbsen in 100 ml Nudelwasser aufkochen und 2–3 Min. dünsten, frische zuvor aus den Schoten lösen.

**3** Für das Baby je ein Drittel von Nudeln und Erbsen wegnehmen, mit 3 EL verquirltem Ei und etwas Petersilie pürieren. Alles einmal aufkochen, dann 1 EL Butter und den Saft zugeben. Ist der Brei zu fest, etwas Nudelwasser untermischen.

**4** Für den Erwachsenen Knoblauch in der übrigen Butter andünsten, dann 100 ml Nudelwasser und Frischkäse zugeben. Glatt rühren und einmal aufkochen lassen. Mit Salz, Pfeffer und Muskatnuss kräftig abschmecken.

**5** Das restliche verquirlte Ei mit dem Schneebesen einrühren und heiß werden lassen, bis die Sauce andickt. Dann kurz weiterrühren und Erbsen, Petersilie und Nudeln untermischen.

# KICHERERBSENBREI & GEMÜSECURRY

1 kleine Zwiebel | 100 g Möhren | 100 g Staudensellerie | 100 g Mais (Dose) | 100 g Kichererbsen (Dose) | 30 g Erdnüsse | 5 TL Olivenöl | 1 TL mildes Currypulver | 4 EL Orangensaft | Salz | Pfeffer | 2 EL Sojacreme oder süße Sahne

**Ballaststoffreich | ab Ende 5. Monat**

Für 1 Erwachsenen und 1 Baby |
35 Min. Zubereitung
Portion Baby ca. 200 kcal, 15 g F, 12 g KH, 5 g EW

1 Zwiebel schälen und fein hacken. Möhren und Staudensellerie waschen. Möhren schälen, vom Staudensellerie die Fäden abziehen. Beides in dünne Scheiben schneiden. Mais und Kichererbsen abtropfen lassen. Erdnüsse grob hacken.

2 Zwiebelwürfel in 4 TL Öl andünsten. Möhren, Sellerie, Erdnüsse und 1 Msp. Curry zugeben und 5 Min. mitdünsten. 200 ml Wasser angießen und zugedeckt weitere 5 Min. garen. Dann Mais und Kichererbsen zufügen.

3 Für das Baby etwa ein Viertel vom Gemüse abnehmen und mit 1 TL Öl und 2 EL Orangensaft pürieren. Mit Kochflüssigkeit bis zur gewünschten Konsistenz verdünnen.

4 Für den Erwachsenen den restlichen Eintopf kräftig mit Salz, Pfeffer, Curry, übrigem Orangensaft und Sojacreme abschmecken.

## TIPP

**Sie können sich Ihr Curry mit Räuchertofu als Einlage noch etwas reichhaltiger machen. Oder Sie runden das Ganze mit etwas Kokosmilch ab und genießen eine Portion Reis dazu.**

# OFENMIX MIT HUMMUS

250 g Kartoffeln | 1 Aubergine (300 g) | 1 Zucchino (250 g) | 1 rote Paprika (200 g) | 2 Knoblauchzehen | 5 EL Olivenöl | 2 EL Rosmarin | 1 Dose Kichererbsen (Abtropfgewicht 240 g) | ½ Zitrone | 50 g Tahin (Sesammus, Bioladen) | 1 TL gem. Kreuzkümmel | 1 TL edelsüßes Paprikapulver | Salz

**Für die ganze Familie | ab Ende 9. Monat**

Für 2 Erwachsene und 1 Baby |
50 Min. Zubereitung
Portion Baby ca. 245 kcal, 17 g F, 16 g KH, 7 g EW

1 Backofen auf 200° vorheizen. Kartoffeln, Aubergine, Zucchino und Paprika gründlich waschen. Kartoffeln schälen, übriges Gemüse putzen. Die Kartoffeln in schmale Spalten, das Gemüse in grobe Würfel schneiden. Knoblauch schälen, fein hacken und in 2 Portionen teilen.

2 Den Kartoffel-Gemüse-Mix mit 2 EL Olivenöl, 1 Knoblauchportion und Rosmarin mischen. Alles auf einem mit Backpapier ausgelegten Backblech verteilen. Auf der mittleren Schiene im vorgeheizten Ofen 25 – 30 Min. backen, bis alles gar ist.

3 Inzwischen die Kichererbsen abtropfen lassen. Die Zitrone auspressen. Den Saft mit 3 EL Olivenöl und dem Tahin zu den Kichererbsen geben. Alles mit etwas Wasser cremig pürieren.

4 Für das Baby 2 EL vom Hummus abnehmen, mit einem Fünftel der Ofengemüse-Mischung mischen und nach Bedarf mit einer Gabel zerdrücken.

5 Für die Erwachsenen restlichen Knoblauch, Kreuzkümmel, Paprikapulver und Salz zum Hummus geben und kräftig abschmecken. Das Ofengemüse salzen, pfeffern und dazureichen.

# ROTE LINSENSUPPE MIT TAHIN

1 große Zwiebel | 1 Knoblauchzehe | 150 g Knollensellerie | 150 g Möhren | 4 EL Olivenöl | 1 Msp. Kreuzkümmel | 500 g passierte Tomaten | 100 g rote Linsen | 1 Lorbeerblatt | Salz | weißer Pfeffer | 50 g Tahin (Sesammus, Bioladen) | 1 Msp. Zimtpulver (Ceylon)

**Für die ganze Familie | ab Ende 9. Monat**

Für 2 Erwachsene und 1 Baby |
50 Min. Zubereitung
Portion Baby ca. 220 kcal 15 g F, 13 g KH, 8 g EW

1 Zwiebel und Knoblauch schälen und hacken. Das Gemüse waschen, schälen und klein würfeln.

2 Das Öl erhitzen, erst die Zwiebeln bei geringer Hitze 3 Min. andünsten, dann Gemüse und Kreuzkümmel zugeben. Die Temperatur erhöhen und braten, bis alles etwas Farbe bekommt.

3 Mit 300 ml Wasser und Tomatenpüree ablöschen, Knoblauch, Linsen und Lorbeer zufügen und zugedeckt 15 Min. garen.

4 Lorbeerblatt entfernen, mit wenig Salz, Pfeffer, Tahin und Zimt abschmecken.

5 Für das Baby etwa ein Fünftel der Linsensuppe abnehmen und in einem kleinen Teller anrichten.

6 Für die Erwachsenen die Suppe noch einmal nach Geschmack mit Salz, Kreuzkümmel und Pfeffer würzen.

## TIPP

**Sättigender wird das Gericht mit Räuchertofuwürfeln als Einlage.**

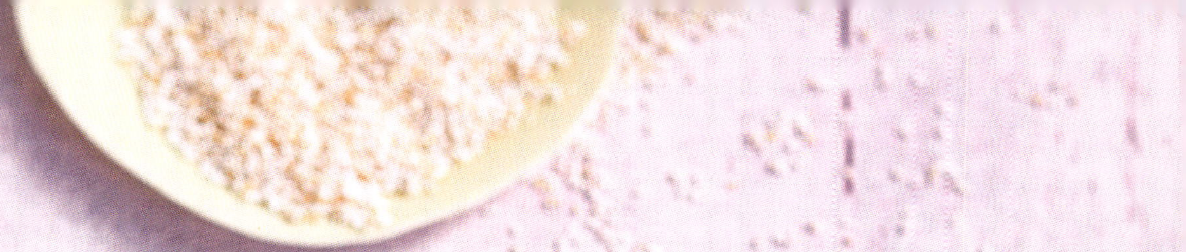

# NACHMITTAGS, ABENDS & MORGENS

Nach und nach werden Trinkmahlzeiten durch Breichen ersetzt. Bei Veggiekost kann der Getreide-Obstbrei nachmittags der erste sein – oder eben der Mittagsbrei. Der Abendbrei ist erst im 6. Monat dran, wenn Kuhmilch vertragen wird. Und wenn die ersten Zähnchen kommen, darf es auch etwas zum Kauen sein.

# GETREIDE-OBST-BREI

**Dieser Nachmittagsbrei bekommt Ihrem Baby vom fünften Monat an, weil er keine Milch enthält. Deshalb können Sie die Beikost auch damit beginnen.**

100 g weiches Obst (z. B. Erdbeeren, Blaubeeren, Melone, Mango, Birne)
15 g geschälte gemahlene Mandeln
20 g Haferflocken (Instant)

**Vitaminbombe | ab Beginn 5. Monat**

Für 1 Portion | 10 Min. Zubereitung
Pro Portion ca. 195 kcal, 10 g F, 18 g KH, 7 g EW

1 Das Obst waschen und putzen, wenn nötig schälen und zerkleinern (Bild 1). Mit Mandeln und Instant-Haferflocken in einen Blitzhacker geben (Bild 2) und mit 3 EL Wasser pürieren (Bild 3).

2 Den Brei kurz quellen lassen. Sollte er zu dick sein, etwas Wasser hinzufügen.

## TIPP

Dieser Brei ist durch Mandeln und Hafer reich an Mineralstoffen und braucht auch keine Fettzugabe (wegen der Mandeln). Sie können ihn als ersten Brei einführen – und den Mittagsbrei später folgen lassen. Denn er ist durch die einfachen Zutaten, die nicht garen müssen, leichter zuzubereiten. Wenn Sie diesen Brei aber tatsächlich schon im ersten Lebenshalbjahr füttern, sollte er einmal kurz aufkochen, damit garantiert keine Keime ins Essen geraten. Später ist diese Vorsichtsmaßnahme bei sauberem Arbeiten nicht mehr nötig. Aufkochen müssen Sie ihn auch dann, wenn die Flocken nicht Instant sind (siehe Variante).

## VARIANTE **BREI MIT GETREIDEFLOCKEN**

Statt Instantflocken passen auch normale Getreideflocken, die dann mit etwa 100 ml Wasser verrührt und nach Packungsanweisung aufgekocht werden. Erst dann das Obstmus zufügen. Auf Seite 46 und 47 finden Sie optimale Obstmixe nach Saison: auf Vorrat zubereiten, in 100-g-Portionen einfrieren und für diesen Brei verwenden.

1

2

3

# AMARANTH-MANGO-BREI

150 g Mango (100 g geschält) | 40 ml Kokosmilch | 20 g Pop-Amaranth

**Eisenreich | ab Beginn 5. Monat**

Für 1 Portion | 10 Min. Zubereitung
Pro Portion ca. 135 kcal, 2 g F, 24 g KH, 4 g EW

**1** Die Mango mit dem Sparschäler rundherum abschälen. Die Frucht hochkant auf die Arbeitsfläche stellen und das Fruchtfleisch von allen Seiten dicht vom Kern schneiden und würfeln. Die Mangowürfel mit der Kokosmilch pürieren.

**2** Dann den Pop-Amaranth mit dem Obstmus verrühren und noch 5 Min. quellen lassen.

## TIPP

**Frieren Sie übrige Kokosmilch im Eiswürfelbereiter in 40-g-Portionen ein – im Kühlschrank verdirbt sie zu schnell. Mit der übrigen Mango können Sie für sich selbst auch einen cremigen Smoothie daraus mixen!**

# GRIESS-PFLAUMEN-BREI

20 g getrocknete Pflaumen | 10 g Walnüsse | 20 g Weizenvollkorngrieß | 1 TL Butter

**Stuhlauflockernd | ab Ende 5. Monat**

Für 1 Portion | 15 Min. Zubereitung
Pro Portion ca. 215 kcal, 11 g F, 24 g KH, 4 g EW

**1** Die Pflaumen und Walnüsse mit einem schweren Messer oder im Blitzhacker sehr fein hacken.

**2** 130 ml Wasser zum Kochen bringen. Den Grieß mit einem Schneebesen einrühren. Die Nüsse und Pflaumen zugeben, nochmals aufkochen, vom Herd ziehen und 5 Min. ausquellen lassen. Dann die Butter einrühren.

## TIPP

**Am besten verwenden Sie essfertige Softpflaumen: Sie sind im Nu weich. Achten Sie aber beim Kauf darauf, dass keine Konservierungsmittel enthalten sind.**

# ZWIEBACK-HIMBEER-BREI

2–3 Vollkornzwiebäcke (20 g) | 100 g Himbeeren (frisch oder TK) | 1 EL Mandelmus (15 g)

**Ballaststoffreich | ab Ende 5. Monat**

Für 1 Portion | 15 Min. Zubereitung
Pro Portion 205 kcal, 10 g F, 22 g KH, 6 g EW

**1** Die Zwiebäcke in einem Gefrierbeutel mit einem Nudelholz zerbröseln.

**2** Die Himbeeren bei Bedarf auftauen, dann mit einer Gabel zerdrücken. Die Zwiebackbrösel und das Mandelmus unterrühren und den fertigen Brei noch 5 Min. quellen lassen.

## TIPP

**Himbeeren können sehr sauer sein. Milder wird der Brei, wenn Sie ein Teil der Himbeeren durch ein Stück zerdrückte Banane ersetzen. Sie können auch Erd- oder Blaubeeren verwenden. Letztere wirken eher stopfend.**

# HIRSE-APFEL-BREI MIT TAHIN

100 ml milder Apfelsaft | 20 g Hirseflocken (Instant) | 1 EL Tahin (15 g, Sesammus, Bioladen)

**Eisenreich | ab Ende 5. Monat**

Für 1 Portion | 10 Min. Zubereitung
Pro Portion ca. 210 kcal, 10 g F, 25 g KH, 5 g EW

**1** 50 ml Wasser mit dem Apfelsaft in einen kleinen Topf geben. Die Hirseflocken einrühren und alles unter Rühren einmal aufkochen lassen, dann die Hitze reduzieren.

**2** Den Hirsebrei etwa 4 Min. im offenen Topf bei geringer Hitze ausquellen lassen. Zum Schluss Tahin unterrühren.

## TIPP

**Sie können auch frisch gepressten Orangensaft oder milden Birnensaft verwenden. Den Tahin evtl. vorher mit 2–3 EL Saft anrühren – er löst sich oft schlecht.**

# FRÜHLINGSOBST

400 g frische Erdbeeren | 550 g reife Mango (400 g geschält) | 270 g Banane (200 g geschält)

**Vitamin-C-reich | ab Ende 5. Monat**

10 Portionen | 15 Min. Zubereitung
Pro Portion ca. 50 kcal, 0 g F, 11 g KH, 1 g EW

1 Die Erdbeeren waschen, Kelchblätter entfernen und die Früchte halbieren. Mango waschen, mit dem Sparschäler schälen und das Fruchtfleisch vom Kern schneiden. Banane schälen und in dicke Scheiben schneiden.

2 Alles mit dem Stabmixer pürieren. Das fertige Obstmus portionsweise einfrieren (Verwendung siehe S. 42).

## TIPP

**Wer es weniger süß mag, ersetzt die Banane durch Melone. Statt Erdbeeren eignen sich auch Himbeeren oder Blaubeeren.**

# SOMMEROBST

200 g Himbeeren | 300 g Pfirsiche oder Nektarinen | 700 g Melone (z. B. Cantaloup, 500 g geschält)

**Ballaststoffreich | ab Ende 5. Monat**

Für 10 Portionen | 15 Min. Zubereitung
Pro Portion ca. 35 kcal, 0 g F, 8 g KH, 1 g EW

1 Die Himbeeren und die Pfirsiche oder Nektarinen waschen. Pfirsiche oder Nektarinen halbieren, entkernen und schälen, das Fruchtfleisch in kleinere Stücke schneiden.

2 Die Melone halbieren und die Kerne im Inneren mit einem Löffel entfernen. Melonenhälften vierteln, das Fruchtfleisch aus der Schale schneiden und grob zerteilen. Melonenstücke zu den Himbeeren und Pfirsichen oder Nektarinen geben.

3 Alles mit dem Stabmixer pürieren und portionsweise einfrieren (Verwendung siehe S. 42).

## OBSTMIX HERBST

300 g Quitten | 400 g reife Birnen | 300 g Kiwi oder grüne, kernlose Trauben

**Ballaststoffreich | ab Ende 5. Monat**

Für 10 Portionen | 45 Min. Zubereitung
Pro Portion ca. 50 kcal, 0 g F, 11 g KH, 0 g EW

1 Obst waschen. Von den Quitten den Flaum gründlich abreiben, Quitten vierteln, wenn nötig schälen. Das Kerngehäuse entfernen. Quittenviertel in kleine Stücke schneiden. In 150 ml Wasser zugedeckt ca. 30 Min. garen, bis sie weich sind.

2 Die Birnen vierteln, Kerngehäuse herausschneiden und schälen (nur bei harter Schale). Birnen klein schneiden und ins heiße Kompott geben.

3 Kiwi schälen und würfeln, oder Trauben abzupfen, zum Kompott geben, pürieren und portionsweise einfrieren (Verwendung siehe S. 42).

### TIPP

**Quitten enthalten viel Pektin, ein löslicher Ballaststoff, und sind wie Birnen arm an Säure.**

## OBSTMIX WINTER

500 g milde Äpfel z. B. Cox-Orange oder Jonathan | 200 g getrocknete Feigen oder Datteln | 400 g Ananas (200 g geschält)

**Stuhlauflockernd | ab Ende 5. Monat**

Für 10 Portionen | 20 Min. Zubereitung
Pro Portion ca. 80 kcal, 1 g F, 17 g KH, 1 g EW

1 Äpfel waschen, trocken reiben, Kerngehäuse entfernen und mit der Schale in grobe Stücke schneiden. Die getrockneten Feigen oder Datteln mit den Äpfeln 5–7 Min. in 100 ml Wasser kochen, dann abkühlen lassen.

2 Von der Ananas ein etwa 7 cm breites Stück abschneiden, Schale abtrennen, Scheibe vierteln, holzigen Kern entfernen. Das Fruchtfleisch klein schneiden, mit dem Apfelmus pürieren und portionsweise einfrieren (Verwendung siehe S. 42).

### TIPP

**Während Apfelmus die Verdauung fördert, kann Apfel roh auf einer Gemüsereibe gerieben stopfend wirken. Gut bei Durchfall!**

# APFEL-DATTEL-KEKSE

25 g getrocknete Apfelringe | 25 g getrocknete Datteln | 80 – 100 ml Apfelsaft | 200 g Butter | 300 g Dinkelmehl Typ 1050 | Mehl zum Ausrollen | Sojacreme zum Bestreichen

**Für den Vorrat | ab Ende 6. Monat**

Für 50 Kekse | 45 Min. Zubereitung | 60 Min. Ruhen (oder über Nacht)
Pro Keks ca. 55 kcal, 3 g F, 5 g KH, 1 g EW

**1** Die Trockenfrüchte mit dem Saft kurz erhitzen, dann abkühlen lassen und fein pürieren. In einer Schüssel Butter, Obstpüree und Mehl mit den Händen zu einem geschmeidigen Teig kneten. In Frischhaltefolie wickeln und im Kühlschrank 1 Std., am besten über Nacht, ruhen lassen.

**2** Backofen auf 180° vorheizen. Nun den Teig portionsweise auf der bemehlten Arbeitsfläche 3 – 4 mm dick ausrollen. Motive ausstechen, auf ein mit Backpapier belegtes Blech geben. Nach Belieben mit Sojacreme einpinseln, damit sie glänzen. Plätzchen in ca. 10 Min. im Backofen (Mitte) goldgelb backen.

## VARIANTE VEGANE KNABBEREI

Mit Margarine anstelle von Butter sind die Kekse vegan.

## TIPP

Ein älteres Geschwisterchen kann dabei helfen, den Teig zu kneten. Was am meisten Spaß macht, ist natürlich das Plätzchenausstechen! Das Gute: Von diesem Teig darf genascht werden, weil keine Eier enthalten sind. Die Kekse können Sie unterwegs statt Nachmittagsbrei geben und etwas Obst – auch als Mus – und Wasser dazureichen.

# RÜBLI-MINI-BRÖTCHEN

250 g Weizenmehl Type 1050 | 50 g ungeschälte, gemahlene Mandeln | ½ Pck. Trockenhefe | 100 ml weißer Traubensaft | 60 g Butter | 1 Prise Salz | ½ süßer Apfel (80 g) | 1 kleine Möhre (80 g) | Mehl zum Bestäuben | Sesamsamen oder Haferflocken zum Bestreuen

**Ballaststoffreich | ab Ende 7. Monat**

Für 12 Brötchen | 45 Min. Zubereitung | 30 Min. Gehen
Portion Brötchen 150 kcal, 8 g F, 16 g KH, 4 g EW

**1** Das Mehl mit den Mandeln und der Hefe in eine Schüssel geben und gründlich miteinander vermischen. Den Traubensaft erhitzen, vom Herd nehmen und die Butter darin schmelzen lassen, Salz zufügen. Den halben Apfel und die Möhre gründlich waschen, wenn nötig schälen, fein reiben und unter die Saft-Butter-Mischung rühren.

**2** Diese Mischung zum Mehl gießen und alles zunächst mit einem Löffel verrühren. Dann mit den Händen so lange miteinander verkneten, bis sich der Teig vom Schüsselrand löst und nicht mehr so klebt. Ist er zu fest, noch Saft zugeben. Jetzt den Teig mit etwas Mehl bestäuben und an einem warmen Ort etwa 30 Min. gehen lassen.

**3** Ein Backblech mit Backpapier auslegen. Aus dem Teig 12 Brötchen formen. Die Brötchen mit Wasser einpinseln und mit Sesam oder Haferflocken bestreuen. Dann in den kalten Backofen (Mitte) schieben und auf 200° anheizen. Nach etwa 10 – 12 Min. sind die Brötchen fertig!

## TIPP

**Die Brötchen schmecken statt Brei nachmittags oder zum Frühstück. Dann zusätzlich Wasser zu trinken geben und etwas Obstmus pur.**

# MILCH-GETREIDEBREI

**Kuhmilch verträgt Ihr Baby erst ab Beginn des 6. Monats, dann kommt sie in den Abendbrei. Ob zum Löffeln oder mit der Flasche bleibt Ihnen und Ihrem Kind überlassen.**

200 ml Vollmilch
20 g Haferflocken (Instant)
4 TL Apfelsaft

**Beruhigend | ab Beginn 6. Monat**

Für 1 Portion | 10 Min. Zubereitung
Pro Portion ca. 210 kcal, 8 g F, 23 g KH, 9 g EW

1 In einem kleinen Topf 100 ml Milch mit den Haferflocken verrühren (Bild 1). Die Mischung unter ständigem Rühren zum Kochen bringen (Bild 2). Bei mittlerer Hitze 1–2 Min. (gemäß Flocken-Packungsangabe) kochen lassen. Den Topf vom Herd ziehen. Die restliche Milch und den Apfelsaft unter den Getreidebrei rühren (Bild 3).

2 Den Brei in eine Flasche mit Breisauger füllen und behutsam mischen. Der Brei hat jetzt Trinktemperatur.

TIPP

**Geben Sie den Abendbrei bitte nicht früher, weil Sie hoffen, dass Ihr Baby dann eher durchschläft: Vor Beginn des sechsten Monats verträgt es Kuhmilch noch nicht.**
**Manche Babys mögen noch nicht löffeln. In diesem Fall sind Breisauger für die erste Zeit eine Alternative, solange Ihr Kind den Löffel ablehnt. Probieren Sie aus, welche Flocken dazu am besten geeignet sind. Auf der nächsten Seite finden Sie Rezepte extra für Flasche oder Löffel. Wird ein Flaschenbrei durchs Stehen zu dick, können Sie ihn mit abgekochtem Wasser verlängern. Achten Sie beim Flockenkauf darauf, dass wirklich nur Getreide enthalten ist und nicht eine fertige Abendmilchbreimischung – denn die enthält bereits Kuhmilch in getrockneter Form und oft noch süßende oder aromatisierende Zutaten. Bei einer diagnostizierten Kuhmilchunverträglichkeit kann dieser Brei auch mit hypoallergener Säuglingsmilchnahrung zubereitet werden oder mit abgepumpter Muttermilch.**

## MEHRKORN-TRINKBREI MIT APFEL

200 ml Vollmilch | 20 g Mehrkornflocken (Instant) | 4 TL Apfelsaft

**Einfach | ab Beginn 6. Monat**

Für 1 Portion | 10 Min. Zubereitung
Pro Portion ca. 205 kcal, 8 g F, 24 g KH, 9 g EW

1 100 ml Milch in einen kleinen Topf geben und mit den Getreideflocken verrühren.

2 Die Mischung unter ständigem Rühren zum Kochen bringen und bei mittlerer Hitze 1 – 2 Min. (gemäß Flocken-Packungsangabe) kochen lassen. Den Topf vom Herd ziehen. Die restliche Milch und den Apfelsaft unter den Brei rühren.

3 Den fertigen Trinkbrei in eine Flasche mit Breisauger füllen und behutsam mischen. Der Brei hat jetzt Trinktemperatur.

### TIPP

**Bevorzugen Sie Getreidemixe mit viel Eisen: Hirse und Hafer enthalten am meisten davon.**

## HIRSE-DINKEL-TRINKBREI

200 ml Vollmilch | 10 g Hirseflocken (Instant) | 10 g Dinkelflocken (Instant) | 4 TL Orangensaft

**Eisenreich | ab Beginn 6. Monat**

Für 1 Portion | 10 Min. Zubereitung
Pro Portion ca. 205 kcal, 8 g F, 25 g KH, 9 g EW

1 100 ml Milch in einen kleinen Topf geben und mit den Getreideflocken verrühren.

2 Die Mischung unter ständigem Rühren zum Kochen bringen und bei mittlerer Hitze 1 – 2 Min. (gemäß Flocken-Packungsangabe) kochen lassen. Den Topf vom Herd ziehen. Die restliche Milch und den Orangensaft unter den Brei rühren.

3 Den fertigen Brei in eine Flasche mit Breisauger füllen und behutsam mischen. Der Brei hat jetzt Trinktemperatur.

### TIPP

**Wenn Sie eine süße Orange frisch auspressen, ist der Brei besonders Vitamin-C-reich.**

# HIMBEERLÖFFELEI

200 ml Vollmilch | 20 g Weizenvollkorngrieß | 50 g Himbeeren (frisch oder TK)

**Stuhlauflockernd | ab Beginn 6. Monat**

Für 1 Portion | 15 Min. Zubereitung
Pro Portion ca. 210 kcal, 7 g F, 26 g KH, 9 g EW

1 Die Milch in einen kleinen Topf geben, erhitzen. Dann den Vollkorngrieß mit einem Schneebesen unterrühren und unter ständigem Rühren einmal aufkochen lassen. Bei schwacher Hitze 3 Min. quellen lassen, weiter umrühren.

2 Die Himbeeren vorsichtig waschen und auf einem Sieb abtropfen lassen, dann mit einer Gabel zerdrücken. Das Himbeermus unter den fertigen Grießbrei rühren.

## TIPP

**Falls Ihr Baby empfindlich auf säuerliches Obst reagiert, können Sie anstelle der Himbeeren auch Melone, Birne oder Trauben verwenden.**

# AMARANTH-BIRNEN-LÖFFELEI

40 g reife Birne | 200 ml Vollmilch | 15 g Pop-Amaranth

**Eisenreich | ab Beginn 6. Monat**

Für 1 Portion | 15 Min. Zubereitung
Pro Portion ca. 205 kcal, 8 g F, 23 g KH, 9 g EW

1 Die Birne waschen, entkernen und in möglichst kleine Würfel schneiden oder mit dem Stabmixer pürieren. Wenn nötig etwas Wasser zugeben.

2 Die Milch erhitzen und Amaranth einrühren. Die Mischung zum Kochen bringen, bei schwacher Hitze 3 Min. köcheln lassen. Dann von der Herdplatte ziehen und weitere 5 Min. quellen lassen.

3 Zum Schluss das Birnenmus zugeben und den Brei gut durchmischen.

## TIPP

**Pop-Amaranth gart viel schneller als das pure Korn, ohne dass Nährstoffe verloren gehen.**

# DINKEL-AMARANTH-BROT MIT PASTINAKEN

**Brot enthält meist sehr viel Salz und ist als Vollkornbrot oft zu körnig. Dieses ist saftig, auch für Babys gut zu kauen und reich an den knappen Mineralstoffen und pflanzlichem Eiweiß.**

½ TL Fenchelsamen
200 g Pastinaken
200 ml Apfelsaft
700 g Dinkelvollkornmehl
2 Päckchen Trockenhefe
50 g Sesamsamen
2 g Salz (½ TL)
1 kleiner Apfel (150 g)
50 g Pop-Amaranth
100 g zarte Haferflocken
1 EL Öl für die Form

**Ballaststoffreich | ab Ende 9. Monat**

Für 1 Brot (30 cm), ca. 32 Scheiben | 30 Min. Zubereitung | 1 Std. 30 Min. Gehen | 1 Std. Backen
Pro Scheibe ca. 110 kcal, 2 g F, 18 g KH, 4 g EW

1 Fenchelsamen in einem Mörser anstoßen. Pastinaken waschen, schälen und grob zerkleinern. Apfelsaft in einem Topf erwärmen, Fenchel und Pastinaken zugeben und darin 15 Min. dünsten. Mit einem Kartoffelstampfer zerkleinern, 200 ml Wasser zugeben und die Masse abkühlen lassen, bis sie handwarm ist.

2 Mehl, Hefe, Sesam und Salz mischen. Den lauwarmen Pastinakenbrei dazugeben und kräftig durchkneten, wenn nötig noch etwas lauwarmes Wasser zugeben. Teig zu einer Kugel formen, mit Mehl bestäuben und an einem warmen Ort abgedeckt 1 Std. gehen lassen.

3 Inzwischen den Apfel waschen und mit der Schale raspeln. Apfelraspel, Amaranth und Haferflocken unter den Teig kneten. Eine Kastenform fetten und mit Mehl ausstäuben. Den Teig hineinsetzen, abdecken und nochmals 30 Min. gehen lassen.

4 Den Backofen auf 200 ° vorheizen, das Brot darin 50 Min. backen. Danach den Ofen ausschalten und das Brot für 20 Min. mit Resthitze weiterbacken. Kurz ruhen lassen, dann erst stürzen.

TIPP **Am besten schneiden Sie das Brot nach Erkalten in dünne Scheiben und frieren diese ein. Zur vollen Mahlzeit wird das Brot erst durch einen fettreichen Aufstrich, siehe S. 56 und 57. Sie können das Brot nach dem neunten Monat morgens zusätzlich zur Still- oder Flaschenmahlzeit anbieten. Es ist aber auch als Abendbrot geeignet. Dann können Sie die Milch statt im Abendbrei als Getränk servieren – aber höchstens 200 ml!**

## LINSEN-TOMATEN-AUFSTRICH

60 g rote Linsen | 1 Lorbeerblatt | 30 g Cashewkerne | 5 getrocknete Tomaten in Öl | 1 EL Tomatenmark | 1 EL Olivenöl | 8 Blättchen Basilikum | Salz | Pfeffer

**Eisenreich | ab Ende 9. Monat**

Für 6 Portionen | 20 Min. Zubereitung
Pro Portion ca. 92 kcal, 6 g F, 6 g KH, 3 g EW

**1** Linsen in einem Sieb waschen. Mit 150 ml Wasser und dem Lorbeerblatt in einem Topf zugedeckt in ca. 15 Min. weich kochen, Lorbeer entfernen.

**2** Cashewkerne in einer Pfanne ohne Fett rösten, bis sie duften. Getrocknete Tomaten, Tomatenmark, Cashews und Öl zu den Linsen geben und mit dem Stabmixer fein pürieren.

**3** Basilikumblättchen abzupfen, waschen, in Streifen schneiden und mit wenig Salz und Pfeffer unter die Creme rühren. Bleibt im Kühlschrank etwa 1 Woche frisch.

## MÖHREN-MANDEL-BUTTER

100 g Möhren | 50 g Mandeln (mit Haut) | 3–4 EL Orangensaft | ½ Bund Schnittlauch | 30 g Butter | 2–3 Msp. gem. Kardamom oder Koriander

**Ballaststoffreich | ab Ende 9. Monat**

Für 6 Portionen | 15 Min. Zubereitung
Pro Portion ca. 93 kcal, 9 g F, 2 g KH, 2 g EW

**1** Möhren schälen und grob raspeln. Die Mandeln in einer Pfanne ohne Fett rösten, bis sie duften. Möhrenraspel zugeben und dünsten, bis sie weich sind. Orangensaft zugeben und abkühlen lassen.

**2** Den Schnittlauch waschen, trocken schütteln und in feine Röllchen schneiden. Mandel-Möhrenmix mit der Butter pürieren. Dann Schnittlauch und Kardamom oder Koriander unterkneten. Die Butter ist im Kühlschrank 1 Woche haltbar.

### TIPP

**Milder, aber auch ballststoffärmer wird die Creme mit Pinienkernen statt Mandeln.**

# MARONICREME

2 EL Rapsöl | 1 EL Carobpulver | 1 Prise Vanillepulver | 30 g Haselnüsse | 80 g Maroni (vorgegart, vakuumverpackt) | 30 g Softdatteln (ohne Kern)

**Eisenreich | ab Ende 9. Monat**

Für 6 Portionen | 10 Min. Zubereitung
Pro Portion ca. 100 kcal, 7 g F, 8 g KH, 1 g EW

**1** Öl, Carob und Vanille verrühren, bis sich das Carobpulver gelöst hat.

**2** Nüsse hacken und mit Maroni und Datteln zum Ölmix geben. 2 – 3 EL Wasser zugeben und mit einem Stabmixer fein pürieren. In ein Schraubglas füllen und im Kühlschrank aufbewahren. Innerhalb von 5 Tagen verbrauchen.

## TIPP

**Maroni können Sie auch ganz einfach selbst garen: Schale an der Spitze einschneiden, in wenig Wasser etwa 15 Min. kochen, dann kalt abschrecken und schälen.**

# SÜSSE ERDNUSSBUTTER

70 g Soft-Aprikosen | 70 g Erdnüsse natur | 1 Msp. Zimtpulver (Ceylon)

**Eisenreich | ab Ende 9. Monat**

Für 6 Portionen | 20 Min. Zubereitung
Pro Portion ca. 95 kcal, 6 g F, 6 g KH, 4 g EW

**1** Die Aprikosen in möglichst kleine Würfel schneiden. Die Würfel in einen kleinen Topf geben und mit 80 ml Wasser einmal aufkochen, dann vom Herd ziehen und abkühlen lassen.

**2** Erdnüsse in einer Pfanne ohne Fett rösten, grob hacken und zu den Aprikosen geben, mit Zimt würzen und alles mit dem Stabmixer fein pürieren. Bei Bedarf etwas Wasser zugeben und nochmals umrühren. Im Kühlschrank 1 Woche haltbar.

## TIPP

**Kaufen Sie am besten geröstete Erdnüsse in der Schale zum Selberschälen: Frischer geht es nicht! Statt mit Zimt schmeckt die Butter auch mit Vanille- oder Ingwerpulver.**

# ERNÄHRUNGSWISSEN VON A–Z

**Acrylamid, Bisphenol A, Isoflavone – wenn es um Ernährung geht, wimmelt es nur so von komplizierten Fremdwörtern. Hier sind die wichtigsten erklärt.**

**ACRYLAMID**
ist ein gesundheitsschädlicher Stoff, der entsteht, wenn stärkehaltige Lebensmittel zu stark gebraten, gebacken oder frittiert werden. Äußerlich erkennt man das durch eine zu dunkle Bräunung. Diese Teile sollten Sie unbedingt vor dem Essen entfernen.

**AMARANTH**
nussig-schmeckende winzige Samenkörner aus Südamerika. Diese können gekocht und gepoppt als Müslizutat oder Blitzzutat im Brei verwendet werden. Amaranth ist reich an Mineralstoffen und glutenfrei.

**AMINOSÄUREN**
sind die Bausteine der Eiweiße. Einige der 20 Aminosäuren sind lebensnotwendig und werden als essenziell bezeichnet, weil sie vom Körper nicht selbst gebildet werden können.

**BIFIDUSFAKTOR**
Dieses Kohlenhydrat, das in Muttermilch vorkommt, dient den Bifidusbakterien des Säuglings als Nahrung. Dadurch wird eine gesunde Darmmikrobiota unterstützt und die Abwehrkräfte werden gestärkt.

**BIOLOGISCHE WERTIGKEIT**
beschreibt, wie viel Körpereiweiß aus dem jeweiligen Nahrungseiweiß gebildet werden kann. Sie ist abhängig vom Gehalt der essenziellen Aminosäuren. Für eine möglichst hohe biologische Wertigkeit sollte man verschiedene Eiweißquellen kombinieren.

**BIOVERFÜGBARKEIT**
beschreibt, wie gut der Körper einen bestimmten Stoff aufnehmen und verwerten kann. So unterscheidet sich z. B. pflanzliches Eisen von tierischem Eisen. Tierisches Eisen ist besser verfügbar, hat eine höhere Bioverfügbarkeit. Pflanzliches Eisen kann vom Körper nicht so gut aufgenommen werden. Seine Bioverfügbarkeit ist geringer, kann durch Vitamin C aber verbessert werden.

**BISPHENOL A**
ist ein Bestandteil verschiedener Kunststoffe. Wegen möglicher gesundheitsschädigender Wirkung ist der Stoff seit 2011 in Babyflaschen und -saugern nicht mehr erlaubt.

**BOTULISMUS**
ist eine lebensbedrohliche Erkrankung, die durch das Bakterium Clostridium botulinum verursacht wird, das in Honig vorkommen kann. Roher Honig ist daher für Babys tabu. Später stellen diese Erreger im Honig keine unmittelbare Gefahr mehr dar, auch wenn die Gifte für alle gefährlich bleiben und nur durch Garen zerstört werden.

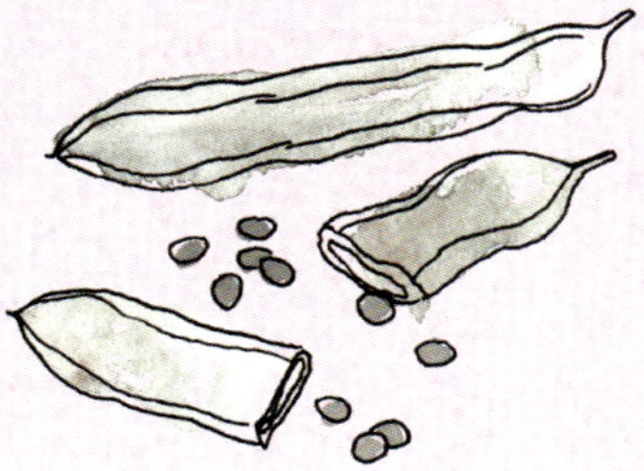

**CAROB**
wird aus den Früchten des Johannisbrotbaums hergestellt. Das süßliche, braune Pulver erinnert an Kakao. Es ist ballaststoffreich und enthält im Gegensatz zu Kakao kein Koffein. Aus den Kernen der Frucht wird Johannisbrotkernmehl hergestellt, das als Bindemittel verwendet wird.

**DARMMIKROBIOTA**
Früher bekannt unter Darmflora, umfasst die Mikrobiota die Fülle unserer Darmbakterien. Sie bilden einen wichtigen Teil des Immunsystems und helfen uns, gesund zu bleiben. Die Zusammensetzung der Mikrobiota wird durch die Muttermilch beeinflusst und ist so einzigartig wie ein Fingerabdruck.

**EHEC**
Enterohämorrhagische Escherichia coli, wird durch Bakterien in rohen tierischen Lebensmitteln übertragen und ist für Schwangere, besonders aber für Säuglinge gefährlich. Die Erkrankung kann zu Nierenversagen und damit zum Tod führen.

**EIWEISS-HYDROLYSAT**
ist die Grundlage einer allergenfreien Säuglingsmilchnahrung. Dabei werden die Eiweiße in Aminosäuren zerlegt und kombiniert. Das Hydrolysat schmeckt bitter und wird vom Kinderarzt nur bei einer manifesten Allergie verordnet.

**ISOFLAVONE**
kommen in der Sojabohne und in daraus hergestellten Lebensmitteln wie Tofu vor. Durch ihre chemische Ähnlichkeit zu den menschlichen Geschlechtshormonen werden sie im Körper ähnlich verstoffwechselt. Die Wirkung der Pflanzenhormone ist jedoch viel schwächer.

**LAKTOSE**
(=Milchzucker) in Muttermilch ist zu Beginn für den Säugling das einzige Kohlenhydrat.
Sie trägt dazu bei, den Stuhl weich zu halten, weil sie leicht abführend wirkt. Zur Verdauung von Laktose braucht der Körper das Enzym Lactase. Ein Mangel, die Laktoseintoleranz, ist bei Säuglingen äußerst selten, denn der Laktosegehalt in Muttermilch ist viel höher als in Kuhmilch.
Eine Unverträglichkeit wird vom Kinderarzt diagnostiziert. Im Laufe des Lebens kann die Lactasebildung zurückgehen, weshalb große Mengen Laktose manchmal nicht so gut vertragen werden.
Eine vollständige Unverträglichkeit ist in Europa eher selten.

**OMEGA-3-FETTSÄUREN**
Diese mehrfach ungesättigten Fettsäuren sind lebensnotwendig (essenziell): Unser Körper kann sie nicht selbst herstellen.
Eicosapentaensäure in Fischfett senkt das Risiko für Allergien und andere Erkrankungen und scheint die Hirnentwicklung zu fördern.
Aber ebenso wirkungsvoll ist die Linolensäure aus Pflanzenöl, die im Körper zu eben dieser Eicosapentaensäure umgebaut wird – wenn sie nicht von zu vielen Omega-6-Fettsäuren (Linolsäure) daran gehindert wird. Deshalb sollten Öle besonders viele Omega-3-Fettsäuren enthalten.

**QUINOA**
stammt aus Südamerika und gehört zur selben Familie wie Spinat. Es kann wie Getreide verwendet werden, enthält kein Gluten, dafür viel hochwertiges Eiweiß und Mineralstoffe.

# REGISTER

Damit Sie Rezepte mit bestimmten Zutaten noch schneller finden, sind in diesem Register auch beliebte Zutaten wie **Hirseflocken** oder **Möhre** alphabetisch eingeordnet und hervorgehoben. Darunter finden Sie die Rezepte Ihrer Wahl.

**Projektleitung:** Sabine Sälzer
**Lektorat:** Margarethe Brunner
**Korrektorat:** Mischa Gallé
**Innen- und Umschlaggestaltung:** independent Medien-Design, Horst Moser, München
**Illustrationen:** Julia Hollweck
**Herstellung:** Sigrid Frank
**Satz:** Kösel, Krugzell
**Reproduktion:** Repro Ludwig, Zell am See
**Druck und Bindung:** Schreckhase, Spangenberg
**Syndication:** www.jalag-syndication.de

1. Auflage 2014
ISBN 978-3-8338-3968-9
www.facebook.com/gu.verlag

GRÄFE UND UNZER

*Ein Unternehmen der*
GANSKE VERLAGSGRUPPE

## Die Autorin

**Dagmar von Cramm**, Freiburger Diplom-Ökotrophologin und gefragte Ernährungsexpertin. In zahlreichen Büchern und Zeitschriften veröffentlicht sie zum Thema Gesundheit, Kochen und Ernährung. Sie nimmt an wissenschaftlichen Symposien teil und tritt im TV auf. Dagmar von Cramm ist Mitglied im Präsidium der Deutschen Gesellschaft für Ernährung und Präsidentin der Stiftung Besser essen. Besser leben. Bei diesem Buch gilt ihr Dank Anna Paki für ihre Mitarbeit.
www.dagmarvoncramm.de

## Die Fotografin

**Anke Schütz** arbeitet in ihrem Studio in Buxtehude für namhafte Verlage und Zeitschriften in den Bereichen Food und Lifestyle. Bei diesem Buch wurde sie von Diane Dittmer (Foodstyling, z.T. Requisite) unterstützt.

## Bildnachweis

Fotos: Anke Schütz; Autorenfoto: Max Plenge, LitVideo

## Titelrezept

Goldener Herbstmix (S. 31)

**Umwelthinweis:**
Dieses Buch ist auf PEFC-zertifiziertem Papier aus nachhaltiger Waldwirtschaft gedruckt.

QUALITÄTS G|U GARANTIE

## Liebe Leserin, lieber Leser,

**haben wir Ihre Erwartungen erfüllt? Sind Sie mit diesem Buch zufrieden? Haben Sie weitere Fragen zu diesem Thema? Wir freuen uns auf Ihre Rückmeldung, auf Lob, Kritik und Anregungen, damit wir für Sie immer besser werden können.**

**GRÄFE UND UNZER Verlag**
Leserservice
Postfach 86 03 13
81630 München
E-Mail:
leserservice@graefe-und-unzer.de

Telefon: 00800 / 72 37 33 33*
Telefax: 00800 / 50 12 05 44*
Mo–Do: 8.00–18.00 Uhr
Fr: 8.00–16.00 Uhr
*(* gebührenfrei in D, A, CH)*

Ihr GRÄFE UND UNZER Verlag
*Der erste Ratgeberverlag – seit 1722.*

**Backofenhinweis:**
Die Backzeiten können je nach Herd variieren. Die Temperaturangaben in unseren Rezepten beziehen sich auf das Backen im Elektroherd mit Ober- und Unterhitze und können bei Gasherden oder Backen mit Umluft abweichen. Details entnehmen Sie bitte Ihrer Gebrauchsanweisung.

# So viel mehr lecker.

ISBN 978-3-8338-3963-4

ISBN 978-3-8338-3771-5

ISBN 978-3-8338-3773-9

ISBN 978-3-8338-3436-3

ISBN 978-3-8338-3430-1

Laden im App Store

Alle hier vorgestellten Bücher sind auch als eBook erhältlich.

Mehr von GU auf **www.gu.de** und
**facebook.com/gu.verlag**

G|U

Willkommen im Leben.

# MÜSLI FÜR DIE GANZE FAMILIE

**So ein gesundes Frühstück ist für alle Familienmitglieder, von Baby bis Papi, ideal: Es gibt Power und Energie für den ganzen Tag – und schmeckt!**

## AMARANTH-WALNUSS-MÜSLI

**Für 10 Baby-Portionen ab Ende 10. Monat:**
1 grüne Kardamomkapsel aufdrücken, die feinen Samenkörner herauskratzen. Mit 100 g Walnüssen in einer beschichteten Pfanne unter Rühren rösten, bis sie duften. Vom Herd nehmen, abkühlen lassen und mit 50 g getrockneten Datteln ohne Kern klein hacken. Alles mit 100 g Pop-Amaranth mischen und in einem Glas aufbewahren. Pro Portion ½ milden Apfel raspeln, mit 4 – 5 EL (25 g) Müsli und 1 EL Naturjoghurt mischen.
Bei Verstopfung tauschen Sie die Datteln durch 50 g getrocknete Pflaumen aus.

## HIRSEFLOCKEN-MANDEL-MÜSLI

**Für 10 Baby-Portionen ab Ende 10. Monat:**
100 g ungeschälte Mandeln in einer beschichteten Pfanne rösten, bis sie duften. Vom Herd nehmen, abkühlen lassen und fein hacken. 100 g getrocknete Aprikosen in kleine Stücke schneiden. Mit 100 g Vollkorn-Hirseflocken, 2 – 3 Msp. Vanillepulver und den Mandeln mischen. In ein Schraubglas füllen. Pro Portion 50 g geputzte weiche Früchte (z. B. Mango, Melone, Mandarine oder Orange) mit 50 g Banane und 2 – 3 EL Apfelsaft pürieren. Das Obstmus mit 3 EL (30 g) Müsli mischen.
Birne und TK-Beeren passen auch prima ins Müsli.